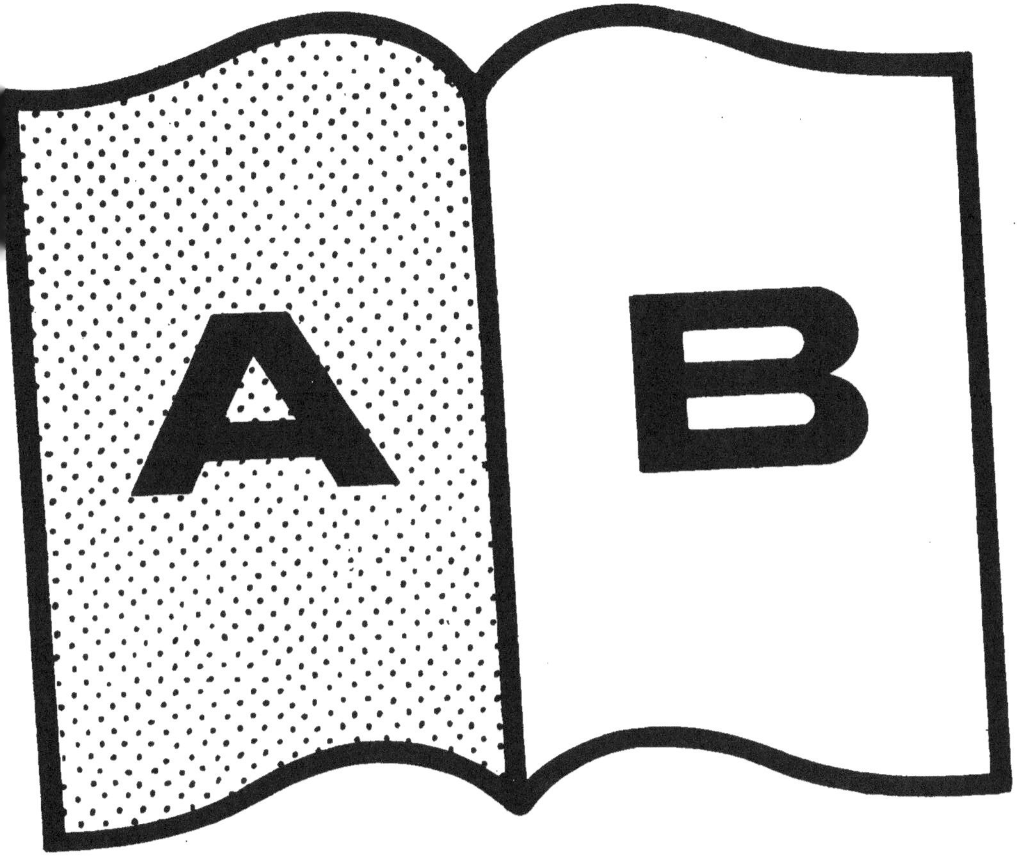

Contraste insuffisant

NF Z 43-120-14

Y 6462
D+a 16.

Yk 383

SHAKESPEARE.

TOME SEIZIEME.

SHAKESPEARE

TRADUIT

DE L'ANGLAIS,

DÉDIÉ AU ROI.

Par M. LE TOURNEUR.

Homo sum : Humani nihil à me alienum puto. Ter.

TOME SEIZIÉME.

A PARIS,

Chez l'AUTEUR, cul-de-sac Saint-Dominique, près le Luxembourg ;

Et MÉRIGOT jeune, Libraire, quai des Augustins.

M. DCC. LXXXII.

Avec Approbation & Privilége du Roi.

LES MÉPRISES,

COMÉDIE.

PERSONNAGES.

SOLINUS, *Duc d'Ephèse.*
ÆGÉON, *Marchand de Syracuse.*
ANTIPHOLIS d'Ephèse. } *deux freres jumeaux, fils*
ANTIPHOLIS de Syracuse. } *d'Ægeon & d'Emilie, mais inconnus l'un à l'autre*
DROMIO d'Ephèse. } *deux freres jumeaux, & esclaves*
DROMIO de Syracuse. } *ves des deux Antipholis.*
BALTASAR, *Marchand.*
ANGELO, *Orfèvre.*
UN AUTRE COMMERÇANT, *ami d'Antipholis de Syracuse.*
PINCH, *Maître d'Ecole, & réputé Magicien.*
EMILIE, *femme d'Ægeon, Abbesse d'une Communauté d'Ephèse.*
ADRIANA, *femme d'Antipholis d'Ephèse.*
LUCIANA, *sœur d'Adriana.*
LUCE, *suivante d'Adriana.*
UNE COURTISANNE.
UN GÉOLIER, OFFICIERS DE JUSTICE ET AUTRES.

La Scène est à Ephèse.

LES MÉPRISES,
COMÉDIE.

ACTE PREMIER.

SCÈNE PREMIÈRE.

La Scène repréſente le Palais du Duc.

LE DUC D'ÉPHESE, ÆGEON,
un GEOLIER, & autres. Suite.

ÆGEON.

Poursuivez, Solinus : travaillez à ma perte, & par votre arrêt de mort, terminez mes maux, terminez tout pour moi.

LE DUC.

Syracufain, ceffe de te défendre : tes plaintes ne peuvent me fléchir, ni me faire enfreindre nos loix. La jufte haîne, & la vengeance tout récemment enflammée dans nos efprits par les procédés cruels de votre Duc, contre nos Marchands, nos honnêtes compatriotes, qui, faute d'argent, pour racheter leur vie, ont fcellé de leur fang fes barbares décrets, défendent toute pitié à nos regards menaçans. Depuis les querelles inteftines & mortelles élevées entre tes féditieux compatriotes & nous, il a été arrêté dans des Confeils folemnels, par nous & le Peuple de Syracufe, de ne permettre aucune efpèce de négoce entre nos villes ennemies. Et de plus dures loix encore : fi un homme, né dans Ephèfe, eft rencontré dans les marchés & les foires de Syracufe ; & fi un homme, né dans Syracufe, aborde à la baye d'Ephèfe ; il meurt, & fes biens font confifqués à la difpofition du Duc ; à moins qu'il ne ramaffe une fomme de mille marcs, pour acquitter la peine, & lui fervir de rançon. Tes biens, eftimés au plus haut prix, ne montent pas à cent marcs : ainfi la loi te condamne à mourir.

ÆGEON.

Enfin, ce qui me confole, c'eft que votre fentence exécutée, mes maux finiront avec le foleil couchant.

COMÉDIE.

LE DUC.

Allons, Syracufain; parle : déclare-nous, en peu de mots, la caufe qui t'a fait quitter ta ville natale, & quel fujet t'a amené dans Ephèfe.

ÆGEON.

On ne pouvoit m'impofer une tâche plus cruelle, que de m'enjoindre de redire des maux indicibles. Cependant, afin que le monde foit témoin, que ma perte eft l'ouvrage de la deftinée, & non la peine d'aucun crime honteux & caché (†), je vous ferai l'hiftoire de ma vie, tant que la douleur me laiffera la force de parler —. Je fuis né dans Syracufe, & j'époufai une femme qui n'étoit heureufe que par moi, & que je rendois heureufe auffi, fans les deftins ennemis de notre bonheur. Je vivois content avec elle : notre fortune s'augmentoit tous les jours par les voyages fortunés que je faifois fouvent à Epidamnum, jufqu'à la mort de mon Facteur. Sa perte ayant laiffé le foin de mes biens à l'abandon, me força de m'arracher aux tendres embraffemens de mon époufe. A peine fix mois d'abfence s'étoient écoulés, que cette

---

(†) C'étoit jadis une fuperftition univerfelle de croire, qu'un grand revers inattendu étoit l'effet de la vengeance Célefte, qui puniffoit l'homme d'un crime caché. Ægeon veut perfuader à ceux qui l'entendent, que fon malheur n'eft ici l'effet que de la deftinée humaine, & non la peine d'un crime. *Warburton.*

épouse chérie, prête à succomber sous le pénible & cher fardeau que la nature fait porter à son sexe, fit ses préparatifs, pour me suivre; & bientôt elle arriva heureusement aux lieux où j'étois. Bientôt après son arrivée, elle devint l'heureuse mère de deux beaux enfans; &, ce qui étoit un prodige, tous deux si ressemblans l'un à l'autre, qu'on ne pouvoit les distinguer, que par leurs noms. À la même heure & dans la même hôtellerie, une pauvre femme fut délivrée d'un semblable fardeau, & mit au monde deux jumeaux mâles, qui se ressembloient parfaitement. J'achetai ces deux enfans de leurs parens, qui étoient dans l'extrême indigence, & je les élevai pour suivre & servir mes deux fils. Ma femme, satisfaite & fière de m'avoir donné ces deux fils, me pressoit chaque jour de retourner dans notre Patrie: à la fin, je me rendis à ses instances, mais à regret, & hélas! trop tôt. Nous nous embarquâmes. — Nous étions déja éloignés d'une lieue d'Epidamnum, avant que la mer, esclave soumise aux vents, nous eût menacés d'aucun accident tragique: mais l'espérance nous quitta. Le reste de clarté que nous prêtoit le ciel obscurci, ne servit qu'à montrer à nos ames effrayées l'affreuse image d'une mort présente: moi, je l'aurois embrassée sur le champ avec joie, si les continuelles lamentations de mon épouse, qui pleuroit d'avance le malheur inévitable qu'elle voyoit s'approcher, & les plaintes touchantes de mes deux tendres enfans, qui pleuroient par imitation, dans l'ignorance de ce qu'il falloit craindre, ne m'eussent forcé de chercher à reculer l'instant fatal pour eux & pour moi : & voici quelle étoit notre ressource. — Il n'en restoit point d'autre. — Les matelots cherchèrent leur salut dans notre chaloupe, & nous abandonnèrent, à nous, le vaisseau qui étoit prêt à s'abîmer. Ma femme, plus attentive à veiller sur le dernier né, l'avoit attaché au petit mât de réserve, dont se munissent les mariniers pour les tempêtes; & moi également attentif à veiller sur l'autre, je l'avois aussi attaché au même mât. Nos enfans ainsi disposés, ma femme & moi, les yeux incessamment fixés sur les chers objets où l'étoient nos cœurs, nous nous tenions à chacune des extrémités du mât ; & flottant aussi-tôt, au gré des vagues, nous fûmes portés par elles vers Corinthe, à ce que nous jugeâmes. A la fin, le soleil, se remontrant à la terre, dissipa les funestes vapeurs qui avoient causé nos maux; sous l'influence bienfaisante de sa lumiere désirée, les mers se calmèrent par degrés ; & nous découvrîmes au loin deux vaisseaux qui cingloient sur nous ; l'un de Corinthe, l'autre d'Epidaure. Mais avant qu'ils nous eussent atteints, — oh ne me forcez pas de vous dire le reste : devinez ce qui suivit, par ce que vous venez d'entendre.

LE DUC.

Poursuis, vieillard : n'interromps point ton récit:

nous pouvons du moins te plaindre & te montrer de la pitié, si nous ne pouvons te pardonner.

ÆGEON.

Oh! si les Dieux avoient eu pour moi de la pitié, je ne les aurois pas appellés à si juste titre des Dieux sans pitié pour nous! Avant que les deux vaisseaux se fussent avancés à dix lieues de nous, nous donnâmes sur un vaste rocher; & froissés avec violence contre ses tranchans écueils, notre navire secourable fut ouvert & partagé par le milieu; de sorte, que dans cet injuste & cruel divorce, la fortune nous laissa à ma femme & à moi, un objet de consolation, & un de douleur. La moitié qui la portoit; la pauvre infortunée! & qui paroissoit chargée du poids le plus léger, mais non pas de la plus légère douleur, fut poussée avec plus de vîtesse devant les vents: & ils furent pris tous trois à notre vue par des pêcheurs de Corinthe, autant que nous en pûmes juger: à la fin, un autre navire s'étoit emparé de nous, & venant à connoître ceux que le sort les destinoit à sauver, ils accueillirent avec bienveillance leurs hôtes naufragés; & ils seroient parvenus à enlever aux pêcheurs leur proie, si leur barque n'avoit pas été lente à la course; ils furent donc obligés de diriger leur route vers leur Patrie. — Vous avez entendu quelle aventure m'a séparé de mon bonheur; & une suite d'infortunes n'ont pro-
longé

longé ma vie, que pour allonger la triste histoire de mes malheurs.

LE DUC.

Au nom des infortunés qui causent tes chagrins, fais-moi l'amitié de me dire en détail, ce qui leur est arrivé, & à toi, jusqu'à ce jour.

ÆGEON.

Mon plus jeune fils, & l'aîné dans ma tendresse, parvenu à l'âge de dix-huit ans, s'est montré empressé de faire la recherche de son frere : & il m'a pressé, prié, que son jeune Esclave (car les deux enfans avoient partagé le même sort : & celui-ci, séparé de son frere, en avoit conservé le nom,) pût l'accompagner dans cette recherche. Pour tenter de retrouver un des objets de ma tendresse, je hasardai de perdre l'autre. J'ai parcouru pendant cinq étés les extrémités les plus reculées de la Gréce, errant jusque près des côtes de l'Italie (†), & revenant vers ma patrie, je suis abordé à Ephèse, sans espoir de les trouver, mais ne pouvant laisser sans information ni cette ville, ni toute autre, où habitent des hommes. Mais c'est ici enfin que doit se terminer l'histoire de ma vie : & je me trouverois heureux & content de mourir à ce terme, si tous mes voyages avoient pû m'apprendre du moins, que mes enfans vivent.

_____

(†) Suivant Upton, au lieu de l'Asie.

LE DUC.

Infortuné Ægeon, que les deſtins ont marqué pour éprouver les plus affreux des malheurs, crois-moi, ſi je le pouvois ſans violer nos loix, ſans offenſer ma couronne, mon ſerment & ma dignité, que les Princes, ne peuvent, quand ils le voudroient, compromettre ni annuller, mon ame attendrie plaideroit ta cauſe, & demanderoit grace pour toi. Mais, quoique tu ſois dévoué à la mort, & que ta ſentence prononcée ne puiſſe ſe révoquer, que par un affront inſigne à notre honneur, cependant je te favoriſerai de toute l'étendue de mon pouvoir. Ainſi, honnête Marchand, je t'accorderai ce jour, pour chercher ton ſalut dans un ſecours bienfaiſant: emploie tous les amis que tu peux avoir dans Ephèſe; implore, prie, emprunte, pour former la ſomme, & vis. Si tu ne peux y parvenir, alors ta mort eſt inévitable. — Géolier, prends-le ſous ta garde. (*Le Duc ſort avec ſa ſuite.*)

LE GÉOLIER.

J'y veillerai, Seigneur.

ÆGEON.

Ægeon ſe retire ſans eſpoir & ſans ſecours; & ſa mort ne ſera différée qu'au lendemain. (*Ægeon ſort conduit par le Géolier.*)

COMÉDIE.

SCÈNE II.

La Scène est dans une rue d'Ephèse.

ANTIPHOLIS *de Syracuse,*
un MARCHAND, & DROMIO.

LE MARCHAND.

Allons, ayez soin de répandre que vous êtes d'Epidaure, si vous ne voulez pas voir bientôt tous vos biens confisqués. Ce jour même, un Marchand de Syracuse vient d'être arrêté, pour être abordé en ces lieux, & n'étant pas en état de racheter sa vie, d'après la loi portée dans cette Ville, il doit périr avant que le soleil fatigué de sa course, se couche à l'Occident. — Voilà votre argent, que j'avois en dépôt.

ANTIPHOLIS à *Dromio.*

Va le porter au Centaure, où nous sommes logés, Dromio, & tu attendras là, que j'aille t'y rejoindre. Dans une heure il sera tems de dîner : je vais dans cet intervalle jetter un coup-d'œil sur l'apparence & les coutumes de cette Ville, parcourir ses objets de commerce, considérer les édifices : après quoi je retournerai prendre quelque repos dans mon hôtellerie : car je suis las & excédé de ce long voyage. Allons, emporte & pars.

DROMIO.

Plus d'un homme vous prendroit volontiers au mot, & partiroit en effet, en se voyant nanti d'un aussi riche trésor. (*Dromio sort.*)

ANTIPHOLIS au *Marchand*.

C'est un valet de confiance, Monsieur, que ce drôle : souvent, lorsque je suis accablé par l'inquiétude & la mélancolie, il ranime & égaye mon humeur par ses propos joyeux & plaisans. — Allons, voulez-vous que nous nous promenions ensemble dans la Ville, & venir ensuite à mon Auberge dîner avec moi ?

LE MARCHAND.

Je suis invité, Monsieur, chez certains Négocians, dont j'espére d'assez grands avantages de commerce. Je vous prie de m'excuser. — Mais bientôt, si vous voulez, sur les cinq heures, je vous rejoindrai à la place du marché, & de ce moment je vous tiendrai fidèle compagnie jusqu'à l'heure du coucher : mes affaires pour cet instant me forcent de me séparer de vous.

ANTIPHOLIS.

Adieu donc, jusqu'à tantôt, — moi, je vais aller

me perdre, & errer çà & là dans tous les quartiers, pour voir la Ville.

LE MARCHAND.

Adieu, Monsieur; je vous laisse suivre vos goûts, & vous souhaite beaucoup de satisfaction. (*Les Marchand sort.*)

ANTIPHOLIS *seul.*

En me souhaitant la satisfaction, il me souhaite un bien que je ne puis parvenir à me procurer. Je suis dans le monde comme une goutte d'eau, qui cherche dans l'Océan une autre goutte; & qui venant à tomber dans le vaste abîme, pour y rejoindre sa compagne invisible & errante, s'y perd & s'y confond elle-même : voilà l'emblême de ma position dans le monde. C'est ainsi que moi, infortuné, pour trouver une mere & un frere, en les cherchant, je me perds moi-même.

SCÈNE III.

ANTIPHOLIS, DROMIO *d'Ephèse.*

ANTIPHOLIS *appercevant Dromio.*

Voici le calendrier qui me rappelle mes époques & mes dates. — Comment? par quel hasard es-tu de retour si-tôt?

DROMIO d'Ephèse.

Quoi, de retour si-tôt, dites-vous ! au contraire, je ne viens que trop tard. Le chapon brûle, le cochon de lait quitte la broche : l'horloge a déja sonné les douze heures du midi : & ma maîtresse m'en a fait sonner une sur la joue : tant elle est impatiente, parce que le dîner refroidit. Le dîner refroidit, parce que vous n'arrivez point au logis : vous n'arrivez point au logis, parce que vous n'avez point d'appétit : vous n'avez point d'appétit, parce que vous avez bien déjeûné : mais nous autres, qui savons jeûner & prier, nous faisons pénitence aujourd'hui de votre faute.

ANTIPHOLIS.

Contiens un peu, l'ami, ton haleine infatigable, & réponds-moi à une chose, je te prie ; où as-tu déposé l'argent que je t'ai remis ?

DROMIO.

Oh ! — Quoi, les six sols que j'ai eus mercredi dernier, pour payer au Sellier la croupière de ma maîtresse. — Eh ! Monsieur ; c'est le Sellier qui l'a eu cet argent ; je ne l'ai pas gardé !

ANTIPHOLIS.

Je ne suis pas en ce moment d'humeur de plaisanter : dis-moi, & sans tergiverser, où est l'argent ? Nous qui sommes étrangers ici ; comment oses-tu te fier à d'autres qu'à toi, pour garder une si grosse somme ?

DROMIO.

Je vous en prie, Monsieur ; remettez votre plaisanterie au tems où vous serez assis à table pour dîner : j'accours en poste vous chercher de la part de ma maîtresse : si je retourne sans vous, je servirai ma foi de pôteau de boutique (†) : car elle m'écrira votre faute sur le visage. — Il me semble que votre estomac devroit, comme le mien, vous tenir lieu d'horloge, & vous rappeller au logis, sans autre messager.

ANTIPHOLIS.

Allons, allons, Dromio ; tes plaisanteries sont hors de saison. Garde-les pour une heure où je serai plus en gaieté qu'à présent : encore une fois, où est l'or que j'ai confié à ta garde ?

DROMIO.

A moi, Monsieur ? hé mais ! vous ne m'avez point donné d'or.

ANTIPHOLIS.

Mais, coquin, auras-tu bientôt cessé tes folies,

(†) Avant que l'écriture fût un talent universel, il y avoit dans le magasin des Marchands un pôteau au milieu de la boutique, sur lequel on notoit avec de la craie les marchandises débitées, avant qu'on les couchât ensuite sur un registre. *Steevens.*

& me diras-tu ce que tu as fait de ce dont je t'ai chargé ?

DROMIO.

Toute ma charge, Monsieur, se borne à vous ramener du marché chez vous, au Phénix, pour dîner : ma maîtresse, Monsieur, & sa sœur, attendent après vous.

ANTIPHOLIS.

Par mon baptême, veux-tu me répondre & me dire en quel lieu de sûreté tu as déposé mon argent; ou je vais te briser ta tête folle, qui s'obstine au badinage, tandis que je ne suis pas d'humeur de l'entendre; où as-tu mis les mille *marcs*, que tu as reçus de moi ?

DROMIO.

J'ai reçu de vous quelques *marques* (†) sur ma pauvre tête, quelques autres de ma maîtresse sur mes épaules; mais jamais mille marcs de vous deux. — Et si je les rendois en ce moment à votre Seigneurie, peut-être que vous ne les porteriez pas patiemment.

ANTIPHOLIS.

De ta maîtresse ! Et quelle maîtresse as-tu, coquin ?

(†) Equivoque sur le son du mot *Mark*.

DROMIO.

DROMIO.

Hé! Madame votre femme, ma maîtresse, qui loge au Phénix; celle qui jeûne, jusqu'à ce que vous reveniez manger avec elle, & qui vous prie, de partir sur le champ pour venir dîner.

ANTIPHOLIS.

Comment; tu veux ainsi me railler en face; après que je te l'ai expressément défendu?... Tiens, reçois ce salaire, coquin. (*Il le frappe.*)

DROMIO.

Hé que prétendez-vous donc, Monsieur! Au nom de Dieu, contenez vos mains: ou, si vous ne le voulez pas, moi, je vais avoir recours à mes jambes.
(*Dromio s'enfuit.*)

ANTIPHOLIS.

Sur mon ame, par quelque tour, quelque fourberie, ce coquin se sera laissé escamoter tout mon argent. On dit que cette Ville est remplie (†) de fripons; d'escamoteurs déliés, qui éblouissent les yeux; de sorciers assassins de l'ame, qui la changent & la tuent: de sorcieres consommées dans les œuvres de

---

(†) C'étoit le reproche que les Anciens faisoient aux Habitans de cette Ville. On l'appelloit proverbialement Ἐφέσια ἀλεξιφάρμακα.

ténèbres, qui dénaturent & contrefont les organes du corps; de trompeurs déguisés, de charlatans babillards, & de mille autres coupables corrupteurs qui se permettent tous les crimes. Si cela est ainsi, je n'en partirai que plutôt. Je vais aller à mon auberge du Centaure, pour chercher cet esclave : oh ! je crains bien, que mon argent ne soit pas en sûreté. (*Il sort.*)

Fin du premier Acte.

COMÉDIE.

ACTE II.

SCÈNE PREMIÈRE.

La Scène représente la Maison d'Antipholis d'Ephèse.

ADRIANA & LUCIANA.

ADRIANA.

Ni mon mari, ni l'esclave que j'avois envoyé & chargé de ramener promptement son maître, ne reviennent. Sûrement, Luciana, il est deux heures.

LUCIANA.

Peut-être que quelque Commerçant l'aura invité, & il sera allé du marché dîner quelque part ailleurs. Chère sœur, dînons, & ne vous mettez jamais dans ces impatiences. Les hommes disposent de leur liberté. Il n'y a que le tems qui soit leur maître; & quand ils voyent l'heure, ils s'en vont, ou ils viennent. Ainsi, prenez patience, ma chère sœur.

ADRIANA.

Hé pourquoi leur liberté seroit-elle plus étendue que la nôtre ?

LUCIANA.

Parce que leurs affaires font toujours hors du logis.

ADRIANA.

Et voyez, lorſque je veux en faire autant que lui, il le prend mal.

LUCIANA.

Ah! ma fœur, noubliez pas, qu'un mari tient les guides de votre volonté.

ADRIANA.

Il n'y a que des bêtes ſtupides, qui peuvent ſe laiſſer mener ainſi.

LUCIANA.

La liberté ſans frein eſt toujours mariée avec le malheur. — Il n'eſt rien ſous l'œil des cieux, ſur la terre, dans la mer & dans le firmament, qui n'ait ſes bornes & ſon frein. — Les animaux, les poiſſons, & les oiſeaux aîlés ſont ſoumis à leurs mâles, & ſujets à leur autorité : les hommes, plus près de la Divinité, & Rois de tout ce qui reſpire, Souverains du vaſte monde, & de l'humide empire des mers, doués d'intelligence, & d'une ame immortelle, d'un rang bien au-deſſus des poiſſons & des oiſeaux, ſont les maîtres de leurs femmes, & leurs ſuprêmes ſeigneurs : ainſi ſoumettez donc votre volonté aux ordres de la leur.

COMÉDIE.

ADRIANA.

C'est cette servitude qui vous empêche de vous marier?

LUCIANA.

Non pas cela: mais les peines & les embarras attachés à la couche nuptiale.

ADRIANA.

Mais, si vous étiez mariée, il vous faudroit supporter la dépendance.

LUCIANA.

Avant que j'apprenne à aimer, je veux m'apprendre à obéir.

ADRIANA.

Et si votre mari alloit faire quelque incartade ailleurs?

LUCIANA.

Jusqu'à ce qu'il fût revenu à moi, je prendrois patience.

ADRIANA.

Tant que la patience n'est pas émue & troublée, il n'est pas étonnant qu'elle soit calme & tranquille. Il est aisé d'être doux, quand rien ne nous contrarie. Une ame malheureuse, écrasée sous l'adversité; nous lui conseillons d'être tranquille, quand nous entendons ses cris. Mais si nous étions chargés du même fardeau de douleur & de peines, nous nous plaindrions nous-mêmes tout autant, ou plus encore. Vous, qui n'avez point de mari fâcheux qui vous chagrine, vous prétendez me consoler en me recommandant une patience vaine & qui ne donne aucun secours : mais si vous vivez assez pour subir ma destinée, cette idiote & imbécille patience sera bientôt rejettée de vous.

LUCIANA.

Allons, je veux me marier un jour, ne fût-ce que pour en essayer. — Mais voilà votre esclave qui revient ; votre mari n'est pas loin.

SCÈNE II.

Les mêmes, DROMIO *d'Ephèse.*

ADRIANA.

Hé bien, ton maître si tardif est-il enfin près de venir (†) ? Réponds-moi : lui as-tu parlé ? Connois-tu ses intentions ?

(†) Est-il enfin *à la main* ? C'est-à-dire, tout près de toi.

DROMIO.

Non, il est à *deux mains* avec moi ; & cela, mes deux oreilles peuvent le garantir.

COMÉDIE.

DROMIO.

Oui, oui : il m'a gravé ses intentions sur l'oreille. Maudite soit sa main ! j'ai eu bien de la peine à la comprendre.

ADRIANA.

A-t-il donc parlé d'une manière si équivoque, que tu n'aies pu sentir sa pensée ?

DROMIO.

Oh il a parlé si clair, que je n'ai senti que trop bien ses coups, & malgré cela, si confusément, que je les ai à peine *compris* (†).

ADRIANA.

Mais dis-moi, je te prie, est-il en chemin pour revenir au logis ? Il paroît vraiment, qu'il est fort soigneux de plaire à sa femme !

DROMIO.

Tenez, ma maîtresse, mon maître est sûrement furieux de jalousie.

ADRIANA.

Comment ! de jalousie, coquin ?

(†) Equivoque des mots *understand*; & *Stand under*; comprendre & être dessous.

DROMIO.

Je ne veux pas dire fou de jalousie par aucune infidélité de votre part : mais sûrement, il est tout-à-fait fou. — Quand je l'ai pressé de venir dîner, il m'a redemandé mille marcs d'or. Il est tems de dîner, lui ai-je dit : *mon or*, a-t-il répondu. — Vos viandes brûlent. — *Mon or*, a-t-il dit. — Allez-vous venir. — *Mon or ; où sont les mille marcs que je t'ai donnés, scélérat.* — Le cochon de lait, lui dis-je, est tout brûlé : — *mon or*, dit-il. — *Ma maîtresse*, Monsieur... — *Au diable ta maîtresse : je ne connois point ta maîtresse : aux enfers avec ta maîtresse !*

LUCIANA,

Qui a dit cela ?

DROMIO.

C'est mon maître qui l'a dit. Je ne connois, dit-il, ni maison, ni femme, ni maîtresse. — Ensorte que, graces à lui, je vous rapporte sur mes épaules le message, dont ma langue devoit naturellement être chargée : car, pour conclure, il m'a battu sur la place.

ADRIANA.

Allons, retourne sur le champ vers lui, misérable, & ramene-le au logis.

DROMIO.

COMÉDIE.

DROMIO.

Oui, retourne vers lui, pour te faire rebattre encore. (†) Au nom de Dieu, envoyez-y quelqu'autre député.

ADRIANA.

Veux-tu retourner, coquin ? ou je vais te briser la tête.

DROMIO.

Et lui me la guérira, en me battant de nouveau : enforte qu'entre vous deux j'aurai une tête bien arrangée.

ADRIANA.

Pars, dis-je, esclave babillard ; ramène ton maître à la maison.

DROMIO.

(†) Y vais-je donc auſſi *rondement* avec vous, que vous y allez avec moi, que vous me roulez & me croſſez aux pieds comme une balle de paume ? Vous me chaſſez d'ici à force de coups, & lui il me rechaſſera ici à force de coups : si je reſte encore quelque tems à ſon ſervice, vous ferez bien de me couvrir d'une peau comme une balle de paume.|Equivoques dans l'original.

(*Dromio ſort.*)

ADRIANA.

Ou je vais te briſer la tête en *croix*.

DROMIO.

Et lui me bénira la croix avec un autre coup : enforte qu'entre vous deux j'aurai une tête bien ſanctifiée.

SCÈNE III.

ADRIANA, LUCIANA.

LUCIANA.

Allons donc; comme la colère altère vos traits!

ADRIANA.

Il faut donc qu'il gratifie de sa compagnie ses nouvelles favorites, tandis que moi, délaissée au logis, je languis après un de ses doux regards. Le tems destructeur a-t-il ôté quelques traits de beauté à mes joues flêtries ? C'est lui qui a causé ce ravage. Ma conversation est-elle moins amusante? mon esprit plus dépourvu & plus stérile ? Ah ! si je n'ai plus ma gaieté & mes joyeux propos, c'est son insensibilité, plus dure que le marbre, qui a flêtri mon esprit & écrasé mon imagination. Le brillant éclat de leur parure est-il l'appas qui attire ses affections ? Ce n'est pas ma faute : il est le maître qui dispose de ma parure. Quels ravages ai-je soufferts dans ma personne, dont il ne soit pas l'auteur & la cause ? Oui, c'est lui seul qui a changé & altéré mes traits.—Un seul doux rayon de ses yeux rians ranimeroit bientôt ma beauté, & en répareroit les ruines. Mais, indocile & fougueux comme le cerf en amour, il franchit son enceinte, & va chercher pâture loin de ses foyers. Et moi infortunée, je ne suis plus que le manteau qui sert à couvrir ses infidélités!

LUCIANA.

O jalousie, passion qui s'offense & se déchire elle-même! Allons ma sœur, chassez-la de votre cœur.

ADRIANA.

Il n'y a que les femmes insensées & insensibles, qui peuvent pardonner de pareils outrages. Je sai, que ses yeux portent ailleurs l'hommage de sa tendresse: autrement, quelle cause l'empêcheroit de se rendre auprès de son épouse? Ma sœur, il m'a promis une chaîne. — Plût à Dieu, que ce fût la seule chose qu'il me refusât; il ne déserteroit pas alors sa couche légitime. Je vois, que le bijou, le mieux émaillé, perd à la fin son lustre; que si l'or dure & résiste long-tems au frottement, à la fin il se ternit & s'use sous le toucher; de même, il n'est point d'homme, quelque grand, quelque sublime que soit son caractère, que des actes répétés de perfidie & de vice ne corrompent & ne déshonorent. Puisque ma beauté n'a plus de charmes à ses yeux, j'userai dans les larmes ce qui m'en reste, & je mourrai dans les pleurs.

LUCIANA.

Dieux, que d'amantes insensées se dévouent à la jalousie furieuse!

SCÈNE IV.

Une rue d'Ephèse.

ANTIPHOLIS *de Syracuse.*

L'or, que j'ai remis à Dromio, est déposé en sûreté dans l'hôtellerie du Centaure; & mon esclave soigneux & complaisant est allé errer dans la ville, à la quête de son maître. D'après mon calcul, & le rapport de l'Hôte, je n'ai pu parler à Dromio, depuis que je l'ai envoyé du marché.... Mais, le voilà qui vient.

SCÈNE V.

ANTIPHOLIS, DROMIO *de Syracuse.*

ANTIPHOLIS.

Hé bien, qu'en dis-tu maintenant? As-tu perdu ta belle humeur? Si tu aimes les coups, vois, tu n'as qu'à recommencer ton badinage avec moi. Ah! Monsieur le drôle; vous ne connoissiez pas le Centaure? vous n'aviez pas reçu d'argent? votre maitresse vous avoit envoyé me chercher pour dîner? mon logement

COMÉDIE.

étoit au Phénix ? — Avois-tu donc perdu la raison, pour me faire des réponses si extravagantes ?

DROMIO.

Quelles réponses, Monsieur, s'il vous plaît ? Quand est-ce que je vous ai parlé sur ce ton ?

ANTIPHOLIS.

Hé, il n'y a qu'un moment, à cette place même ; il n'y a pas une demi-heure.

DROMIO.

Je ne vous ai pas revu depuis que vous m'avez envoyé de cette place au Centaure, avec la somme que vous m'aviez confiée.

ANTIPHOLIS.

Comment, coquin ? tu m'as nié avoir reçu ce dépôt, & tu m'as parlé de je ne sais quelle maîtresse, de je ne sais quel dîner, & autres propos extravagans, que je t'ai fait sentir, j'espère, qui me déplaisoient fort.

DROMIO.

Je suis fort aise de vous voir dans cette veine de bonne humeur : mais où tend cette plaisanterie ? Je vous en prie, mon maître, expliquez-vous.

ANTIPHOLIS.

Quoi, veux-tu me railler encore, & me braver en

face : Penses-tu, que je plaisante ? Tiens, reçois ce coup, & cet autre encore.

(*Il le frappe*).

DROMIO.

Arrêtez, Monsieur, au nom de Dieu ! Vraiment votre plaisanterie devient en ce moment un jeu des plus sérieux ? Quelle est votre raison, pour me frapper ainsi ?

ANTIPHOLIS.

Par la raison que quelquefois j'ai la bonté de me familiariser avec toi, & de te prendre pour mon bouffon, & de bavarder avec toi ; ton insolence ira jusqu'à me badiner sur mon amour, & venir me troubler de tes quolibets, dans mes heures sérieuses & chagrines ? A la bonne heure, quand le soleil brille, que les insectes folâtrent à ses rayons : mais qu'ils songent à rentrer dans les crevasses des murs, lorsqu'il cache sa lumière. Quand tu voudras plaisanter avec moi, considère mon visage, interroge aupavant ma physionomie, & conforme ta conduite à mes regards, ou je te ferai entrer de force ma leçon dans la tête (†).

DROMIO.

(†) Dans mon ouvrage à cornes, dites-vous ? Si vous laissiez-là votre batterie, j'aimerois mieux avoir une tête : mais si vous faites durer long-tems les coups de cette batterie, il faut

DROMIO.

Mais, de grace, Monsieur, pourquoi me battez-vous ?

ANTIPHOLIS.

Tu ne le sais pas encore ?

DROMIO.

Pas le mot, Monsieur, sinon, que je suis battu.

ANTIPHOLIS.

Te dirai-je pour quelle raison ?

DROMIO.

Oui, Monsieur, & pourquoi ? Car on dit que toute chose a son pourquoi.

ANTIPHOLIS.

D'abord, pour avoir osé me railler; & pourquoi encore ? — Pour venir me railler encore une seconde fois.

DROMIO.

A-t-on jamais battu un homme si mal à propos ; que je procure un petit boulevard pour ma tête, & que je l'environne de remparts : autrement il me faudra bientôt chercher mon esprit dans mes épaules.

quand dans le pourquoi il n'y a ni rime, ni raison ?
— Allons, Monsieur, je vous rends graces.

ANTIPHOLIS.

Tu me remercies, l'ami : & pourquoi ?

DROMIO.

Hé mais, Monsieur, pour quelque chose que vous m'avez donné à propos de rien.

ANTIPHOLIS.

Je t'en ferai bientôt ma réparation, en ne te donnant rien pour quelque chose. — Dis-moi, est-il heure de dîner ? (*) — Mais arrête : qui nous fait signe de loin là-bas ?

SCÈNE VI.

Les mêmes. ADRIANA, LUCIANA.

ADRIANA.

Oui, oui, Antipholis; prends un air farouche & mécontent : tu réserves tes doux regards pour quelqu'autre Maîtresse : je ne suis plus ton Adriana, ton épouse chérie. Il fut un tems, où de toi-même, &

sans

sans y être excité, que tu faisois serment qu'il n'étoit point de musique agréable à ton oreille, que le son de ma voix ; point d'objet charmant à tes yeux, que mes traits & mes tendres regards ; point de toucher flatteur pour ta main, que lorsqu'elle touchoit la mienne ; point de mets délicieux qui te plût, que ceux que je te servois à table. Comment arrive-t-il aujourd'hui, mon époux, oh ! comment arrive-t-il, que tu sois si étrangement aliéné de toi-même ? Oui, je dis, aliéné de toi-même, l'étant de moi ; qui étant incorporée avec toi, inséparable de toi, suis plus, que toute autre portion de toi-même. Ah ! ne sépare pas violemment ton être de moi : car sois sûr, mon bien-aimé, qu'il te seroit aussi aisé de laisser tomber une goutte d'eau dans l'Océan, & de l'en repuiser pure & sans mélange, sans addition ni diminution quelconque, qu'il te l'est de te séparer de moi, sans m'entraîner aussi. O combien ton cœur seroit blessé au vif, si tu entendois seulement dire, que je fusse infidèle, & que ce corps, qui t'est consacré, fût souillé par une impure volupté. Ne m'écraserois-tu pas de ton mépris, ne me foulerois-tu pas sous tes pieds, ne jetterois-tu pas le nom de mari à ma face ; n'ensanglanterois-tu pas de ta main irritée mon front impudique & déshonoré ; ne couperois-tu pas l'anneau nuptial de ma main perfide, & ne ferois-tu pas, avec imprécation, un divorce éternel avec moi ? Je sais que tu le peux : hé bien, fais-le donc dès ce moment ; car je suis couverte d'une tache adultère : mon sang est souillé d'une impure débauche : car si nous ne formons qu'un seul & même être, & que tu sois infidèle, je reçois le poison mêlé dans tes veines, & je suis prostituée par la contagion de ton crime. — Garde ton serment & ta foi, sois fidèle à ta couche légitime, alors je vis sans tache, & toi sans déshonneur.

ANTIPHOLIS.

Est-ce à moi que ce discours s'adresse, belle Dame ? Je ne vous connois pas. Il n'y a pas deux heures que je suis dans Ephèse, & aussi étranger à votre ville qu'à vos réponses ; & j'ai beau employer tout mon esprit pour approfondir le sens & le but de vos paroles, je ne puis avoir l'esprit de comprendre un seul mot de ce que vous me dites.

LUCIANA.

Fi, mon frère ; comme le monde est changé pour vous ! Quand donc avez-vous jamais traité ainsi ma sœur ? Elle vous a envoyé chercher par Dromio pour dîner.

ANTIPHOLIS.

Par Dromio ?

DROMIO.

Par moi ?

ADRIANA.

Par toi. Et voici la réponse que tu m'as rapportée, qu'il t'avoit battu, tout en reniant notre maison pour la sienne, & moi pour sa femme.

ANTIPHOLIS à *Dromio*.

Avez-vous quelque intelligence avec cette Dame ? Quel est donc le nœud & le but de tout cela ?

DROMIO.

Moi, Monsieur ! je ne l'ai jamais vue qu'en ce moment.

ANTIPHOLIS.

Coquin, tu mens : car tu m'as rendu sur la place les propres paroles qu'elle vient de répéter.

DROMIO.

Jamais je ne leur ai parlé de ma vie.

ANTIPHOLIS.

Comment se fait-il donc, qu'elle nous appelle ainsi par nos noms ; à moins que ce ne soit par inspiration ?

ADRIANA.

Qu'il sied mal à votre gravité, de feindre si grosfièrement, de concert avec votre esclave, pour l'engager à me contrarier dans mon chagrin ? Je veux que ce soit ma faute, si vous vous séparez de moi ; du moins n'aggravez pas cette injure par le mépris. — Allons, je vais m'attacher à ton bras : tu es l'ormeau, mon cher époux, & moi, je suis la vigne (†), dont la foiblesse mariée à la force de ton sexe, reçoit & partage ta vigueur : si quelque objet parvient à te détacher de moi, ce ne peut être qu'un avorton sauvage, qu'un lierre inutile, une mousse stérile & maudite, qui, faute d'être élaguée, infecte ta substance, en s'insinuant autour de toi, & rit de ta ruine & de ton déshonneur.

ANTIPHOLIS.

C'est à moi qu'elle parle ! & je suis ému de ses touchans discours ! Quoi ! aurois-je donc été marié en songe ? ou suis-je endormi en ce moment, & m'imaginai-je entendre ces étranges plaintes ? Quelle erreur fascine & trompe nos oreilles & nos yeux ?— Jusqu'à ce que je sois éclairci de cette énigme, je veux entretenir l'erreur qui m'est offerte.

(†) *Leuta qui velut assitas*
Vitis implicat arbores
Implicabitur in tuum
Complexum. CATULL.

COMÉDIE. 37

LUCIANA.

Dromio, va dire aux domestiques de servir le dîner.

DROMIO.

Oh, mon Rosaire! je me munis du signe du pêcheur; c'est ici un pays d'enchantement: oh, Dieu soit avec nous! Nous parlons à des Spectres, à des effrayes, à de malins Génies. Si nous ne leur obéissons pas, voici ce qui en arrivera : c'est qu'ils nous suceront l'haleine & le sang, & nous pinceront jusqu'à nous rendre bleus & noirs (†).

(†) C'étoit une vieille superstition populaire, de croire que la Chouette suçoit le sang & l'haleine des enfans au berceau. Delà les Italiens ont donné le nom de *Strega*, de Strix, aux Sorcieres, qu'ils croyoient également ennemies de la vie des enfans.

Cette superstition leur venoit de leurs ancêtres : on le voit par ce passage d'Ovide.

Sunt avidæ volucres, non quæ Phineïa mensis
    Guttura fraudabant ; sed genus inde trahunt.
Grande caput; stantes oculi; rostra apta rapinæ;
    Canities pennis, unguibus hamus inest.
Nocte volant, puerosque petunt nutricis egentes
    Et vitiant Cunis corpora rapta suis.
Carpere dicuntur lactantia viscera rostris,
    Et plenum poto sanguine guttur habent.
Est illis strigibus nomen.
                           Lib. VI. FAST.

LUCIANA.

Que murmures-tu là avec toi-même, au lieu de répondre ? Hé bien Dromio, tortue, limaçon — sot !

DROMIO.

Je suis métamorphosé, mon Maître. Ne le suis-je pas ?

ANTIPHOLIS.

Je crois que tu l'es, dans ton ame; & je le suis aussi.

DROMIO.

Ma foi, mon Maître, ame & corps, tout est transformé.

ANTIPHOLIS.

Tu conserves ta figure & ta forme première.

DROMIO.

Non; je suis changé en singe.

LUCIANA.

Si tu es changé en quelque chose, c'est en âne.

Dans la Dissertation de Sherringham, *De Anglorum gentis origine*, on lit : Lares, Lemures, *Stryges Lamiæ. Manes* (Gastæ dicti) & similes monstrorum Greges, Elvarum chorea dicebatur. TOLLET.

DROMIO.

Cela est vrai : elle me mène, & j'aspire à paître le gazon. — Oui vraiment je suis un âne : autrement il ne pourroit se faire que je ne la connusse pas aussi bien qu'elle me connoît.

ADRIANA.

Allons, allons, je ne veux plus être si folle, que de me mettre le doigt dans l'œil & de pleurer, tandis que le Valet & le Maître rient de mes maux, & me méprisent. — Allons, Monsieur, venez dîner : Dromio, songe à garder la porte. — Mon mari, je dînerai aujourd'hui tête-à-tête avec vous, & je vous forcerai à faire la confession de vos petits tours de filou. — Toi, si quelqu'un vient demander ton Maître, dis qu'il dîne dehors, & ne laisse entrer ame qui vive. — Allons, venez, ma sœur. — Dromio, ayez soin d'être un portier fidèle & vigilant.

ANTIPHOLIS.

Suis-je sur la terre, ou dans le ciel, ou dans l'enfer ? Suis-je endormi, ou éveillé ? Fou, ou dans mon bon sens ? Connu d'eux, & déguisé pour moi-même ! — Allons, je dirai comme eux, & je poursuivrai sur ce ton : & dans ces ténèbres, je veux courir tous les hasards de l'aventure.

LES MÉPRISES,

DROMIO.

Mon Maître, ferai-je le portier à la porte ?

ANTIPHOLIS.

Oui, ne laisse entrer personne, si tu ne veux que je te brise les os.

LUCIANA.

Allons, venez, Antipholis. Hâtons-nous : nous dînons trop tard. (*Ils sortent*).

Fin du second Acte.

COMEDIE. 41

ACTE III.

SCÈNE PREMIERE.

On voit la rue qui passe devant la Maison d'Antipholis d'Ephèse.

ANTIPHOLIS *d'Ephèse*, DROMIO *d'Ephèse*, ANGELO & BALTASAR.

ANTIPHOLIS *d'Ephèse*.

Honnête Angelo, il faut que vous nous excusiez tous : ma femme est de mauvaise humeur, quand je ne me rends pas aux heures. Dites que je me suis amusé à voir travailler sa chaîne (†) ; & que demain vous viendrez l'apporter à la maison. — Mais voici un maraut, qui a voulu me soutenir en face, qu'il m'a joint dans le marché ; & que je l'ai battu, & que je l'ai chargé de mille marcs en or, & que j'ai renié ma maison & ma femme. — Esclave ivre, qu'as-tu prétendu par ces impostures ?

(†) Son carcan, ornement d'or qu'on mettoit au col des Demoiselles.

DROMIO d'Ephese.

Vous direz ce que vous voudrez, Monsieur: mais je sais ce que je sais. Que vous m'avez battu sur la place publique, c'est ce que je peux prouver par votre main, qui doit en être encore rouge (†).

ANTIPHOLIS.

Vous êtes triste, Seigneur Baltasar. Priez Dieu que notre bonne chère réponde à mon bon cœur, & au plaisir que je sens à vous recevoir chez moi.

(†) Si ma peau étoit du parchemin, & que les coups que vous m'avez donnés fussent de l'encre, on verroit par votre propre écriture tout ce que j'en pense moi-même.

ANTIPHOLIS.

Je pense que tu es un âne.

DROMIO.

Vraiment, il y paroît assez aux traitemens que j'ai essuyés, & aux coups dont je suis porteur (†). Si j'en étois un, j'aurois donné une ruade, à mesure que j'en aurois reçu; & en étant à ce point, vous vous garderiez de ma corne, & vous défieriez de l'âne.

(†) Allusion au Proverbe:
    Nux, asinus, mulier simili sunt lege ligata;
    Hæc tria nil rectè faciunt, si verbera cessant.

GRAY.

BALTASAR.

Je fais peu de cas de bonne chère, Monsieur, & beaucoup de votre gracieux accueil.

ANTIPHOLIS.

Ah! Seigneur Baltasar, bonne ou mauvaise, chair ou poisson, dans tous les cas, un bon accueil assaisonne les mets & les rend délicieux.

BALTASAR.

La bonne chère est commune, Monsieur, & on la trouve chez tout avare.

ANTIPHOLIS.

Et un bon accueil l'est encore plus; car enfin ce ne sont que des mots & de la politesse.

BALTASAR.

Petite chère & bonne mine, font un joyeux festin.

ANTIPHOLIS.

Oui, pour un hôte avare, & un convive encore plus ladre. Mais quoique mes provisions soient minces, daignez les accepter de bonne grace : vous pouvez trouver meilleure chère, mais non pas un dîner offert de meilleur cœur. — Mais doucement : ma porte est fermée. (*à Dromio*) Va dire qu'on nous ouvre.

DROMIO appellant.

Hola, Mathilde, Brigitte, Marianne, Cécile, Gilette.

DROMIO de Syracuse en dedans.

Bûche (†), cheval de moulin, chapon, faquin, idiot, imbécille! ou fors de la porte, ou affieds-toi fur le feuil. Veux-tu évoquer des Catins, que tu appelles tant de filles à la fois, quand une fuffit & eft encore trop : allons, fors de la porte.

DROMIO d'Ephèfe.

Quel infenfé a-t-on donc fait notre portier ? Mon Maître attend dans la rue.

ANTIPHOLIS d'Ephèfe.

Qui donc te parle en dedans de la maifon ? — Hola, ouvrez la porte. — Qui es-tu donc, pour me fermer la porte de ma maifon ?

DROMIO de Syracufe.

Je fuis portier pour le moment, Monfieur ; & mon nom eft Dromio.

(†) Le mot original eft *Mome* : ftupide caboche, bûche, pôteau. Ce mot doit fon origine au mot François *Momon*, qui fignifie un jeu de dez dans une mafcarade, dont la règle eft d'obferver un filence abfolu. Quelque fomme qu'un mafque mette, un autre la couvre, fans prononcer un feul mot : d'où vient auffi notre terme *Mum*, *filence*. HAWKINS.

COMÉDIE. 45

DROMIO d'Eph se.

Ah! fripon, tu m'as volé à la fois mon nom & mon emploi. L'un ne m'a jamais procuré de crédit: & l'autre m'a attiré beaucoup de reproches. Si tu avois été Dromio aujourd'hui, & que tu eusses été à ma place, tu aurois volontiers changé ta face pour un nom (†).

LUCE, de l'intérieur de la maison.

Quel est donc ce bruit que j'entens-là ? Dromio; qui sont ces gens qui sont à la porte ?

DROMIO d'Ephèse.

Fais donc entrer mon Maître, Luce.

LUCE.

Non, certes : il vient trop tard ; tu peux le dire à ton Maître.

ANTIPHOLIS d'Ephèse.

Entendez-vous, mignonne : vous nous laisserez entrer, j'espère ?

DROMIO d'Ephèse.

Mon Maître, frappez, frappez fort.

(†) Ou ton nom d'homme pour celui d'un âne.

LUCE.

Qu'il frappe, jusqu'à ce que sa main s'en sente.

ANTIPHOLIS d'Ephèse.

Vous vous repentirez de ce tour, mignonne, si une fois je jette la porte à bas.

LUCE.

Qu'a-t-on besoin de ce tapage; lorsqu'il y a des menotes dans la ville?

ADRIANA *de l'intérieur de la maison.*

Qui donc fait tout ce vacarme à la porte?

DROMIO *de Syracuse.*

Sur ma parole, la tranquillité de la Ville est troublée par quelques jeunes libertins.

ANTIPHOLIS d'Ephèse,

Etes-vous là, ma femme? Vous auriez pu venir un peu plutôt.

ADRIANA,

Votre femme, Monsieur le coquin? — Allons; partez, sortez de la porte.

ANGELO *à Antipholis d'Ephèse.*

Il n'y a ici ni bonne chère, Monsieur, ni bon accueil: nous ferions bien de les chercher ailleurs.

COMÉDIE.

BALTASAR.

En voulant choisir entre les deux, nous n'aurons ni l'un ni l'autre.

DROMIO *d'Ephèse à Antipholis, avec ironie.*

Ces Messieurs sont à la porte, mon maître; dites-leur donc d'entrer.

ANTIPHOLIS *d'Ephèse.*

Allons, je veux entrer de force : va m'emprunter un levier.

BALTASAR.

Modérez-vous, Monsieur : oh! n'en venez pas à cette extrémité. Vous faites ici la guerre à votre réputation, & vous allez exposer à l'atteinte des soupçons l'honneur pur de votre épouse. Encore un mot : — Votre longue expérience de sa sagesse, de sa chaste vertu, de plusieurs années de décence, & de modestie, plaident en sa faveur, & vous commandent de supposer plutôt ici quelque raison qui vous est inconnue; & n'en doutez pas, Monsieur : si les portes se trouvent aujourd'hui fermées pour vous, elle aura quelque excuse légitime à vous donner : cédez à mes conseils : quittez ce lieu avec patience, & allons tous dîner ensemble à l'Hôtellerie du Tigre; & sur le soir, revenez vous seul, savoir la raison de cette conduite étrange. Si d'une main violente vous forcez l'entrée, à cette heure, au milieu de l'éclat du jour, le Peuple fera des commentaires fur cette aventure; & ces foupçons élevés par l'aveugle multitude contre votre réputation jufqu'ici fans atteinte, pourroient s'attacher à votre perfonne, fouiller votre nom, & vivre encore fur votre tombeau, quand vous ne ferez plus. Car la calomnie vit héréditairement & s'établit pour toujours dans le lieu, dont elle a une fois pris poffeffion.

ANTIPHOLIS *d'Ephèfe.*

Vous m'avez perfuadé. Je vais me retirer tranquillement, & en dépit de la joie qui veut fuir de mon cœur, je prétens être gai. — Je connois une femme d'un propos divertiffant; jolie & fpirituelle, un peu fauvage, & cependant, aimable & douce auffi. — Nous dînerons là : ma femme m'a fouvent fait la guerre, mais, je le protefte, fans fujet, pour cette créature ; nous irons dîner chez elle. — Retournez chez vous, & rapportez la chaîne : — Elle eft finie à préfent, j'en fuis fûr. Apportez la, je vous prie, au Porc-Epic. Je veux faire préfent de cette chaîne, uniquement pour piquer un peu ma femme, à ma belle hôteffe : mon cher ami, faites diligence : puifque ma porte me refufe l'entrée & la liberté de m'égayer chez moi, j'irai frapper ailleurs, & nous verrons, fi l'on me rebutera de même.

ANGELO.

ANGELO.

J'irai vous trouver à ce rendez-vous, dans quelques heures d'ici.

ANTIPHOLIS.

Faites-le : c'est un badinage, pour lequel je veux sacrifier quelque chose. (*Ils sortent.*)

SCÈNE II.

La Maison d'Antipholis d'Ephèse.

LUCIANA *paroît avec* ANTIPHOLIS *de Syracuse.*

LUCIANA.

Eh! seroit-il possible, que vous eussiez tout-à-fait mis en oubli les devoirs d'un mari? Quoi, Antipholis, la haine viendra, dès le printems de votre amour, le détruire jusque dans la racine? Et l'édifice de votre union s'écroulera en ruines, lorsqu'à peine vous l'avez élevé? Si vous avez épousé ma sœur pour sa fortune, du moins en considération de sa fortune, traitez-la avec plus d'égards & de douceur. Si vous aimez ailleurs, aimez en secret : masquez votre amour perfide de quelque aveugle bandeau; & que ma sœur ne lise pas votre infidélité dans vos yeux. Que votre langue ne soit pas elle-même le héraut qui proclame votre honte : mettez de la douceur dans vos regards, de l'aménité dans vos paroles : ornez de dehors gracieux votre déloyauté, parez le vice de la livrée de la vertu : prenez le maintien de l'innocence, quoique votre cœur soit coupable: apprenez au crime à conserver les apparences de la sainteté : soyez perfide en silence : qu'avez-vous besoin de révéler votre faute ? Quel voleur est assez insensé, pour se vanter de ses larcins ? C'est une double injure, de violer la foi du lit conjugal, & de la divulguer à table par vos regards. Il est pour le vice une sorte de renommée bâtarde, qu'il peut se ménager avec des précautions & des soins. Une action criminelle est aggravée par l'audace qui l'affiche avec effronterie. Hélas ! femmes infortunées ! Daignez au moins nous faire croire, à nous qui ne sommes que crédulité, que vous nous aimez. Si les autres ont le visage, montrez-nous du moins le masque (†) : nous sommes asservies dans le tourbillon de votre sphère, & vous pouvez nous imprimer le mouvement qui vous plaît. Allons, mon aimable frere, rentrez dans la maison ; consolez ma sœur, rendez la joie à son cœur, appellez-la votre épouse. C'est un mensonge vertueux, que de manquer un

_____

(†) Dans l'original, c'est une expression proverbiale : »si les autres ont le bras, montrez-nous du moins la manche. «

peu de sincérité, quand il s'agit d'étouffer la discorde par de douces & bienfaisantes flatteries.

ANTIPHOLIS *de Syracuse*.

Ma chère Dame, (car je ne sai pas de quel autre nom vous appeller ; & j'ignore par quel prodige vous avez pu deviner le mien) vos lumières, & vos graces n'offrent rien moins en vous, qu'une merveille du monde ; & votre air a quelque chose de céleste : enseignez-moi, divine créature, & ce que je dois penser, & ce que je dois dire. Manifestez à mon intelligence grossière & bornée, étouffée sous les erreurs, foible, légère & superficielle, le sens de l'énigme cachée dans vos paroles obscures : pourquoi vous plaisez-vous à tourmenter la simplicité franche & pure de mon ame ingénue, & à la voir errante dans des espaces imaginaires & inconnues ? Etes-vous un Dieu ? Voulez-vous me recréer de nouveau aujourd'hui ? Transformez-moi donc, & je céderai à votre suprême puissance. Mais si je suis sûr de me connoître pour ce que je suis en effet, alors il est certain que votre sœur éplorée n'est point mon épouse, & je ne dois ni foi ni hommage à sa couche. Je me sens de plus en plus entraîné invinciblement vers vous. Ah ! ne m'attirez pas, belle & douce Syrène, par vos chants séducteurs, pour m'inonder des larmes que répand votre sœur : parlez, belle enchanteresse, parlez pour vous-même ; & je vous adorerai avec toute la passion de l'amour: déployez fur l'onde argentée l'or de votre chevelure, & vous ferez le lit où mon cœur veut fe repofer : & dans ce lit glorieux, je croirai que c'eft gagner à mourir, que de mourir d'une mort fi douce (†).

LUCIANA.

Quoi, êtes-vous fou de me tenir ce difcours?

ANTIPHOLIS.

Non, je ne fuis point fou, mais je fuis confondu d'étonnement : par quel art, je n'en fais rien.

LUCIANA.

Cette illufion vient de vos yeux.

ANTIPHOLIS.

Oui, ils font éblouis de vos rayons, bel aftre, trop voifin de moi.

LUCIANA.

Portez vos regards fur l'objet où ils doivent être fixés, & votre vue s'éclaircira.

ANTIPHOLIS.

Autant fermer les yeux, ma bien-aimée, que de les tenir ouverts fur la nuit.

(†) Que l'Amour, cet être léger, fe noye, s'il enfonce, & s'abîme fous les eaux ?

LUCIANA.

Quoi! vous m'appellez votre bien-aimée? Donnez ce nom à ma sœur.

ANTIPHOLIS.

A la sœur de votre sœur.

LUCIANA.

Vous voulez dire ma sœur?

ANTIPHOLIS.

Non: c'eft vous-même, vous la plus chère moitié de moi-même : l'œil pur de mon œil, le cœur de mon tendre cœur; vous, ma fubftance, ma fortune, & l'objet unique de mon tendre efpoir; vous, mon ciel fur la terre, & tout le bien qui vient du Ciel.

LUCIANA.

Tout ce que vous dites-là, ma fœur l'eft pour vous, ou du moins le devroit être.

ANTIPHOLIS.

Prenez vous-même le nom de fœur, ma bien-aimée, car c'eft à vous que mes vœux s'adreffent: c'eft vous que je veux aimer, c'eft avec vous que je veux paffer ma vie. Vous n'avez point encore d'époux; & moi, je n'ai point encore d'époufe: daignez m'accorder votre main.

LUCIANA.

Oh! doucement, Monsieur: arrêtez, je vous prie: je vais aller chercher ma sœur, pour lui demander son agrément. (*Luciana sort.*)

SCÈNE III.

Le même ANTIPHOLIS *de Syracuse,* DROMIO *de Syracuse.*

ANTIPHOLIS.

Hé bien, Dromio ? Où cours-tu si vîte ?

DROMIO.

Me connoissez-vous, Monsieur ? Suis-je en effet Dromio ? Suis-je votre valet, suis-je bien moi ?

ANTIPHOLIS.

Tu es Dromio, mon valet ; c'est bien toi-même.

DROMIO.

Je suis un âne, je suis le valet d'une femme, & avec out cela, moi.

ANTIPHOLIS.

Comment, le valet d'une femme ? Et comment, toi ?

DROMIO.

Ma foi, Monsieur, outre que je suis moi, j'appartiens encore à une femme; à une femme qui me revendique, qui me pourchasse, & qui veut m'avoir.

ANTIPHOLIS.

Quels droits fait-elle valoir sur toi?

DROMIO.

Eh! Monsieur, le droit que vous reclameriez sur votre cheval; & elle prétend me posséder comme une bête de somme; non pas que, si j'étois une bête, elle voulût m'avoir : mais c'est elle, qui étant une créature fort bestiale, prétend avoir des droits sur moi.

ANTIPHOLIS.

Quelle est cette femme?

DROMIO.

Un corps fort respectable : oui, une femme dont un homme ne peut parler sans dire : *sauf votre respect*. Je n'ai qu'un assez maigre bonheur, en fait de compagne, & cependant c'est une pièce de mariage merveilleusement grasse.

ANTIPHOLIS.

Que veux-tu dire, par une pièce de mariage merveilleusement grasse?

DROMIO.

Hé! oui, Monsieur : c'est la fille de cuisine, & elle est toute grasse : & je ne sai trop à quelle sauce la mettre, à moins que d'en faire une lampe, & de me sauver d'elle à sa propre clarté. Je garantis que ses habits, & le suif dont ils sont pleins, entretiendroient les feux de l'été dans un hiver de Pologne : si elle vit jufqu'au jugement dernier, elle brûlera une femaine de plus que le monde (†).

ANTIPHOLIS.

Quelle est la couleur de fon teint?

DROMIO.

Bafanée, comme le cuir de mon foulier : mais il n'y a rien d'aufli lavé, d'aufli net que fon vifage. Pourquoi cela? Parce qu'elle tranfpire tant de fueur, qu'un homme en auroit par-deffus les fouliers.

ANTIPHOLIS.

C'est un défaut que l'eau peut corriger.

DROMIO.

Non, Monfieur : cela est dans fa nature : le déluge de Noé n'en viendroit pas à bout (§).

ANTIPHOLIS.

Elle porte donc quelque largeur?

DROMIO.

Elle n'est pas plus longue de la tête aux pieds, que d'une hanche à l'autre. Elle est fphérique comme un globe ; je pourrois étudier la Géographie fur elle.

(†) Tel eft à-peu-près le portrait de Maritorne dans Don Quichotte.

ANTIPHOLIS.

(§) Comment l'appelle-t-on?

DROMIO.

Nell, Monfieur : mais fon nom & trois quarts, (c'est-à-dire, une aulne trois quarts,) ne la mefureroient pas d'une hanche à l'autre.

ANTIPHOLIS.

COMÉDIE.

ANTIPHOLIS.

Dans quelle partie de son corps est située l'Irlande ?

DROMIO.

Monsieur, elle est dans les fesses : je l'ai reconnue à la puanteur.

ANTIPHOLIS.

Où est l'Ecosse.

DROMIO.

Je l'ai reconnue à l'aridité : elle est dans la paume de la main.

ANTIPHOLIS.

Et la France ?

DROMIO.

Sur le front chauve & couvert de pustules (†).

ANTIPHOLIS.

Et l'Angleterre ?

DROMIO.

J'ai cherché des monts de craye : mais je n'ai pu y reconnoître aucune blancheur : je conjecture, qu'elle pourroit être sur son menton, d'après le flux salé qui couloit entre elle & la France.

ANTIPHOLIS.

Et l'Espagne ?

___

(†) Allusion à ce que les Anglois appellent le *Mal François*. Le front armé, couvert de tumeurs, boutons. *Reverted*, c'est-à-dire, que les cheveux se reculent en arrière. JOHNSON.

DROMIO.

Ma foi, je ne l'ai pas vue : mais je l'ai sentie, à la chaleur de l'haleine.

ANTIPHOLIS.

Où sont l'Amérique, les Indes ?

DROMIO.

Oh, Monsieur, sur son nez ; qui est tout enrichi de rubis, d'escarboucles, de saphirs, tournant leur riche aspect vers la chaude haleine de l'Espagne ; qui envoyoit des flottes entieres pour se charger à son nez.

ANTIPHOLIS.

Où étoient la Flandre, les Pays-Bas ?

DROMIO.

Oh, Monsieur ; je n'ai pas été regarder si bas. — Bref, pour conclusion, cette grosse servante, ou sorciere, a crié haro sur moi ; m'a appellé par mon nom, Dromio ; a juré, que j'étois fiancé avec elle, m'a dit les signes secrets que je porte sur mon corps, par exemple, la marque que j'ai sur l'épaule, le seing que j'ai au cou, le gros porreau que j'ai au bras gauche ; enfin, tout, si bien que confondu d'étonnement, je me suis enfui d'elle, comme d'une sorciere. Et je crois, que, si mon sein n'avoit pas été rempli de foi (†), & mon cœur d'acier, elle m'auroit métamorphosé en roquet, & m'auroit fait tourner le tournebroche.

(†) Superstition populaire : le Peuple croyoit qu'il n'y avoit qu'une grande dose de *foi*, qui pût résister au pouvoir des Sorcieres, & les empêcher de métamorphoser les hommes en bêtes. WARBURTON.

COMÉDIE.

ANTIPHOLIS.

Va : pars sur le champ ; cours sur le grand chemin : & si le vent souffle de quelque côté, propre à nous éloigner du rivage, je ne veux pas rester cette nuit dans cette Ville. Si tu trouves quelque barque qui mette à la voile, reviens au Marché, ou je me promenerai, jusqu'à ce que tu m'y rejoignes. Si tout le monde nous connoît, & que nous ne connoissions personne, il est tems, à mon avis, de plier bagage, & de partir.

DROMIO.

Avec la même ardeur qu'un homme fuiroit un ours, pour sauver sa vie ; je fuis, moi, cette créature, qui prétend devenir ma femme.

ANTIPHOLIS.

En vérité, il n'y a que des sorcieres qui habitent ce pays ; & en conséquence il est grand tems, que je déloge d'ici. Celle qui m'appelle son mari, mon cœur l'abhorre pour épouse : mais pour sa charmante sœur, les graces ravissantes & souveraines dont elle est embellie ; ces propos enchanteurs, cet air divin, m'ont rendu presque parjure à moi-même. Mais, pour ne pas me rendre coupable d'un outrage contre moi-même, je boucherai mes oreilles aux chants de la Syrene.

SCÈNE IV.

Le même ANTIPHOLIS ANGELO *tenant une chaîne d'or*

ANGELO.

Monsieur Antipholis?

ANTIPHOLIS.

Oui, c'est-là mon nom.

ANGELO.

Je le sai fort bien, Monsieur. Tenez, voilà la chaîne : je croyois vous trouver rendu au Porc-Epic : la chaîne n'étoit pas encore finie ; c'est ce qui m'a retardé si long-tems.

ANTIPHOLIS.

Que voulez-vous que je fasse de cette chaîne ?

ANGELO.

Ce qu'il vous plaira, Monsieur. Je l'ai faite pour vous.

ANTIPHOLIS.

Faite pour moi, Monsieur! Je ne vous l'ai pas commandée.

COMÉDIE.

ANGELO.

Pas une fois, pas deux fois; mais vingt : allez, rentrez au logis, & faites la cour à votre femme avec ce cadeau; & bientôt, à l'heure du souper, j'irai vous revoir, & recevoir l'argent de ma chaîne.

ANTIPHOLIS.

Je vous prie, Monsieur, de recevoir l'argent à l'instant; si vous ne voulez risquer de ne jamais recevoir ni la chaîne, ni l'argent.

ANGELO.

Vous êtes jovial, Monsieur : adieu, à tantôt.
(*il sort.*)

SCÈNE V.

ANTIPHOLIS *seul.*

Il m'est impossible de dire ce que je dois penser de tout ceci. Mais ce que je sai du moins fort bien, c'est qu'il n'est point d'homme assez sot, ou assez dédaigneux, pour refuser une si belle chaîne qu'on lui offre. Je vois, qu'ici un homme n'a pas besoin de se tourmenter pour vivre, puisqu'on vient dans les rues vous faire de si riches présens. Je vais aller à la place du Marché, & attendre là Dromio; si quelque vaisseau part, je pars aussi-tôt.

Fin du troisième Acte.

ACTE IV.

SCÈNE PREMIERE.

La Scène se passe dans la rue.

UN MARCHAND, ANGELO, UN OFFICIER DE JUSTICE.

LE MARCHAND à *Angelo*.

Vous savez que la somme est due depuis la Pentecôte : & que depuis ce tems je ne vous ai pas importuné ; je ne le ferois pas même encore, si je n'allois pas partir pour la Perse, & que je n'eusse pas besoin (†) d'argent pour mon voyage : ainsi voyez à me satisfaire sur le champ, ou je vous fais arrêter par cet Officier.

ANGELO.

Justement la même somme dont je vous suis redevable, m'est due par Antipholis ; & dans l'instant

---

(†) De *Gilders*, piéce de monnoie valant depuis un scheling six sols, jusqu'à deux schelings. *Steevens*.

même, où je vous ai rencontré, je lui ai livré une chaîne. A cinq heures, j'en recevrai le prix : faites-moi le plaisir de venir avec moi, en vous promenant, jusqu'à sa maison ; & j'acquiterai mon obligation, & y joindrai mes remerciemens.

SCÈNE II.

Les mêmes. ANTIPHOLIS & DROMIO *d'Ephèse qui sortent de chez une Courtisanne.*

L'OFFICIER (*les appercevant*) à *Angelo.*

Vous pouvez vous en épargner la peine : voyez, le voilà qui vient.

ANTIPHOLIS *d'Ephèse.*

Pendant que je vais chez l'Orféyre, va, toi, acheter un bout de corde. Je veux en faire un présent chez ma femme & ses confédérés, pour récompense de m'avoir fermé la porte aujourd'hui. — Mais quoi ! j'apperçois l'Orféyre, — Va-t-en, te dis-je ; achete-moi une corde, & rapporte-la moi à la maison,

DROMIO *d'Ephèse,*

Ah ! je vais acheter vingt mille livres de revenu par an ! je vais acheter une corde ! (*Dromio sort.*)

ANTIPHOLIS.

COMÉDIE.

ANTIPHOLIS d'Ephèse.

Un homme vraiment est bien assisté, qui compte sur votre parole! J'ai promis votre visite & la chaîne; mais je n'ai vu ni chaîne, ni Orfévre. Apparemment que vous avez craint, que l'amour ne durât trop longtems entre mon épouse & moi, si vous l'enchaîniez de votre chaîne; & voilà pourquoi la chaîne n'est point venue.

ANGELO.

Avec la permission de votre humeur joviale; voici la note du poids de votre chaîne, exacte jusqu'au dernier carat; le titre de l'or, & le prix de la façon, qui l'augmente beaucoup: le tout monte à trois ducats de plus, que je ne dois à cet honnête homme. — Je vous prie, faites-moi le plaisir de m'acquitter avec lui sur le champ; car il est prêt à s'embarquer, & n'attend que le payement de mon billet pour partir.

ANTIPHOLIS d'Ephèse.

Je n'ai pas sur moi la somme nécessaire: d'ailleurs, j'ai quelques affaires en Ville. Monsieur, conduisez & recevez, je vous prie, cet étranger dans ma maison, prenez avec vous la chaîne, & dites à ma femme de solder la somme, en la recevant; peut-être y serai-je aussi-tôt que vous.

ANGELO.

Ainsi vous lui porterez donc la chaîne vous-même ?

ANTIPHOLIS d'Ephèse.

Non, prenez-la avec vous, de peur que je n'arrive pas assez tôt.

ANGELO.

Allons, Monsieur, je le veux bien : l'avez-vous sur vous ?

ANTIPHOLIS d'Ephèse.

Si je ne l'ai pas moi, Monsieur, j'espère que vous, vous l'avez ; sans cela vous pourriez vous en retourner sans votre argent.

ANGELO.

Allons, Monsieur, je vous prie, donnez-moi la chaîne. Le vent & la Marée appellent cet honnête homme ; & j'ai à me reprocher de l'avoir déjà retardé ici trop longtems.

ANTIPHOLIS d'Ephèse.

Mon cher Monsieur, vous usez de ce prétexte, pour excuser votre manque de parole au Porc-Epic : ce seroit à moi à vous gronder de ne l'y avoir pas apportée. Mais c'est vous, qui comme une femme acariâtre, commencez à quereller le premier.

COMÉDIE.

LE MARCHAND.

Le tems fuit. Allons, Monsieur, je vous prie, dépêchez.

ANGELO.

Vous êtes témoin, comme il me lutine..... vîte, la chaîne.

ANTIPHOLIS *d'Ephèse.*

Hé bien ; portez-la à ma femme, & allez chercher votre argent.

ANGELO.

Allons, allons ; vous savez bien, que je vous l'ai donnée il y a quelques heures : ou envoyez la chaîne, ou envoyez-moi quelque nantissement.

ANTIPHOLIS *d'Ephèse.*

Allons, c'en est trop : vous poussez le badinage jusqu'à l'excès ; voyons, où est la chaîne ? Je vous prie, que je la voye.

LE MARCHAND.

Mes affaires ne souffrent pas toutes ces longueurs : mon cher Monsieur, dites-moi, si vous voulez payer ou non ; si vous ne voulez pas, je vais laisser Monsieur entre les mains de l'Officier.

ANTIPHOLIS d'Ephèse.

Moi, vous satisfaire ? Et en quoi vous satisfaire ?

ANGELO.

En donnant l'argent, que vous me devez pour la chaîne.

ANTIPHOLIS d'Ephèse.

Je ne vous en dois point, jusqu'à ce que je l'aie reçue.

ANGELO.

Eh! vous savez que je vous l'ai remise il y a une demi-heure.

ANTIPHOLIS d'Ephèse.

Vous ne m'avez point donné de chaîne : vous m'offensez de me tenir pareil propos.

ANGELO.

Vous m'offensez bien davantage, Monsieur, en le niant. Considérez un peu, je vous prie, combien cela intéresse mon crédit.

LE MARCHAND.

Allons, Officier, arrêtez-le à ma requête.

COMÉDIE.

L'OFFICIER à Angelo.

Je vous arrête, & je vous somme, au nom du Duc, d'obéir.

ANGELO.

Cet affront compromet ma réputation — (à *Antipholis*.) Ou consentez à payer la somme à mon acquit, ou je vous fais arrêter par ce même Officier.

ANTIPHOLIS d'Ephèse.

Consentir à payer le prix d'une chose que je n'ai jamais reçue! — Arrête-moi, maraut, si tu l'oses.

ANGELO.

Voilà les frais — Arrêtez-le, Officier.... Je n'épargnerois pas mon frere en pareil cas, s'il m'insultoit avec ce mépris.

L'OFFICIER.

Je vous arrête, Monsieur: vous entendez à la requête de qui.

ANTIPHOLIS d'Ephèse.

Je vous obéis, jusqu'à ce que je vous donne caution. — (à *Angelo*.) Mais, Monsieur le fripon, vous me payerez cette plaisanterie, de tout l'or que peut renfermer votre magasin.

ANGELO.

Monsieur, Monsieur; j'aurai la justice & les loix d'Ephèse pour moi, à votre honte publique, je n'en peux douter.

SCÈNE III.

Les mêmes. DROMIO *de Syracuse, revenant du Port.*

DROMIO.

Mon Maître, il y a une barque d'Epidamnum qui n'attend que son propriétaire à bord, & aussitôt, Monsieur, elle met à la voile : j'ai porté à bord, Monsieur, notre bagage ; j'ai acheté de l'huile, du baume & des liqueurs spiritueuses. Le navire est tout appareillé ; le vent le plus frais souffle de la terre : enfin les matelots n'attendent plus rien, que le propriétaire, le maître, & vous.

ANTIPHOLIS *d'Ephèse.*

Comment ; extravagant insensé ? Que veux-tu dire, par ton vaisseau ? Coquin, quel vaisseau d'Epidamnum m'attend ; moi ?

COMÉDIE. 71

DROMIO.

Hé! le vaisseau que vous m'avez envoyé retenir, pour nous embarquer dessus?

ANTIPHOLIS d'Ephèse.

Esclave étourdi par le vin, je t'ai envoyé chercher une corde, & je t'ai dit pourquoi, & ce que j'en voulois faire.

DROMIO de Syracuse.

Vous ne m'avez point parlé de corde — Vous m'avez envoyé à la baie, Monsieur, chercher une barque.

ANTIPHOLIS d'Ephèse.

J'examinerai cette affaire plus à loisir : & j'apprendrai à tes oreilles à m'écouter avec plus d'attention. Chez Adriana, maraut; pars tout-à-l'heure : porte-lui cette clé, & dis-lui que dans l'écrin qui est couvert d'un tapis de Turquie, il y a une bourse remplie de ducats : dis-lui qu'elle me l'envoye; que je suis arrêté dans la rue, & que ce sera ma caution : cours promptement, esclave : pars. — Allons, Officier, je vous suis à la prison, jusqu'à ce qu'il revienne.

(*Ils sortent.*)

DROMIO de Syracuse seul.

Chez Adriana ! c'est-à-dire celle, chez laquelle nous avons dîné, où Dousabelle m'a reclamé pour son mari : elle est un peu trop grosse, j'espère, pour que je puisse l'embrasser : mais il faut que j'y aille, quoique contre mon gré : car il faut bien que les valets exécutent les ordres de leurs maîtres. (*il sort.*)

SCÈNE IV.

La Scène est dans la Maison d'Antipholis d'Ephèse.

ADRIANA & LUCIANA.

ADRIANA.

Comment, Luciana, il t'a tentée à ce point? As-tu pu lire dans ses yeux & distinguer si ses instances étoient sérieuses, ou non ? Son visage étoit-il enflammé ou pâle ; joyeux, ou sérieux ? Quelles observations as-tu faites en cet instant, des météores de son cœur (†) peints & agités sur son visage ?

LUCIANA.

D'abord, il a nié, que vous eussiez aucuns droits sur sa personne ?

(†) Allusion à ces météores de l'atmosphère, qui ressemblent à des rangs de combattans. Il leur compare ailleurs les guerres civiles. *Warburton.*

ADRIANA.

ADRIANA.

Il vouloit dire qu'il violoit tous ceux qu'il me doit, & je n'en suis que plus indignée.

LUCIANA.

Ensuite il m'a juré, qu'il étoit étranger dans cette Ville.

ADRIANA.

Et il a juré la vérité, tout en se parjurant.

LUCIANA.

Moi, j'ai pris votre défense.

ADRIANA.

Hé bien, qu'a-t-il dit ?

LUCIANA.

L'amour que je reclamois pour vous, il me l'a demandé pour lui.

ADRIANA.

Avec quelles raisons pressantes a-t-il sollicité ta tendresse ?

LUCIANA.

Dans des termes, qui dans une demande honnête étoient capables de faire impression. D'abord, il a vanté ma beauté; ensuite, mon esprit.

ADRIANA.

Lui as-tu répondu fur un ton doux & tendre?

LUCIANA.

Ayez patience, je vous en conjure.

ADRIANA.

Je ne le puis pas, je ne le veux pas, avoir patience. Il faut que ma langue se satisfasse, si mon cœur ne le peut pas. Il est tout défiguré, contrefait, vieux & flêtri, laid de figure, plus mal-fait encore de sa personne, informe & monstrueux en tout : vicieux, ingrat, extravagant, sot & brutal; disgracié de la nature dans son corps, & encore plus pervers dans son ame.

LUCIANA.

Et pourquoi donc être jalouse d'un pareil monstre? On ne pleure jamais un mal perdu, qui nous quitte.

ADRIANA.

Ah! oui; mais je pense bien mieux de lui, que je n'en parle. Et pourtant je voudrois, qu'il fût difforme aux yeux des autres. Le Vanneau s'étourdit de ses cris en s'éloignant de son nid (†). Tandis que ma langue le maudit, mon cœur fait des vœux pour lui.

_____

(†). Expression proverbiale : Je m'étourdis en parlant d'autre chose, sur l'objet qui m'est cher.

SCÈNE V.

Les mêmes. DROMIO *de Syracuse.*

DROMIO *les appellant.*

Par ici, venez. L'écrin, la bourse : mes chères Dames, hâtez-vous.

LUCIANA.

Et pourquoi es-tu donc si hors d'haleine ?

DROMIO.

C'est à force de courir.

ADRIANA.

Où est ton Maître, Dromio ? Est-il en santé ?

DROMIO.

Non, il est descendu dans les limbes du Tartare, presqu'en Enfer. Un Diable en habit d'immortelle (†) l'a saisi : un Diable, dont le cœur est revêtu d'acier, un malin génie, impitoyable & farouche, un vrai

---

(†) Description d'un Sergent, d'un Pousse-cul. L'*immortelle* étoit du tems du Poëte, comme aujourd'hui une sorte d'étoffe appellée ainsi à cause de sa durée. *Steevens.*

loup. Oh pis que cela, un être tout en Buffle. Un faux & traître ami, qui vous prend par derrière & vous frappe sur l'épaule; un phantôme qui bouche les passages des allées, des quais & des rues; un limier qui court à l'aventure (†), & qui évente la trace de vos pieds; enfin un Démon qui vous traîne les pauvres ames en Enfer, avant le jugement.

ADRIANA.

Comment, de quoi s'agit-il ?

DROMIO.

Je ne sai pas de quoi il s'agit; mais il est arrêté (§) & en prison.

ADRIANA.

Quoi! il est arrêté? Dis-moi, à la requête de qui ?

DROMIO.

Je ne sai pas à la requête de qui il est arrêté; mais tout ce que je puis dire, c'est que celui qui l'a arrêté, est vêtu de buffle. Voulez-vous, Maîtresse,

---

(†) Il y a ici un mauvais jeu de mots sur *Counter*, prison de Londres, qu'on ne peut rendre en François.

(§) Dans l'original il y a *Out the case*, espèce d'action qu'a celui à qui on a fait un tort, mais sans violence, & dans un cas qui n'a pas été expressément prévu par la loi. *Gray*.

Mais *Case* signifie aussi étui, cela veut dire tout simplement *Prison*.

lui envoyer de quoi se racheter; ces ducats qui sont dans l'écrin?

ADRIANA.

Va les chercher, ma sœur — (*Luciana sort.*) Cela m'étonne bien, qu'il se trouve avoir des dettes, qui me soient inconnues. Dis-moi, l'a-t-on arrêté sur un billet.

DROMIO.

Oh! non pas (†); mais avec quelque chose de plus fort: une chaîne, une chaîne: ne l'entendez-vous pas sonner?

ADRIANA.

Quoi, la chaîne....

DROMIO.

Non, non: la cloche: il seroit tems que je fusse parti d'ici: il étoit deux heures quand je l'ai quitté, & voilà la cloche qui frappe une heure.

ADRIANA.

Les heures reculeroient donc? Je n'ai jamais entendu pareille chose.

―――――――――――

(†) *Avec un lien*, équivoque sur *Bond*, qui signifioit *lien & billet.*

DROMIO.

Oh oui, vraiment: quand une des heures rencontre un Sergent, elle recule de peur.

ADRIANA.

Comme si le tems étoit endetté: comme tu raisonnes en insensé!

DROMIO.

Le tems est un vrai banqueroutier, & il doit plus à l'occasion & à la fortune, qu'il n'a vaillant. Oui, c'est un voleur aussi: n'avez vous donc pas oui dire, que le tems marche à pas de voleur jour & nuit? Si le tems est endetté, & qu'il soit un voleur, & qu'il trouve en son chemin un Sergent, n'a-t-il pas raison de reculer d'une heure dans un jour?

ADRIANA.

Cours, Dromio; voilà l'argent; (*Luciana revient avec la bourse.*) porte-le bien vîte, & ramène ton Maître immédiatement au logis. — Venez, ma sœur; je suis atterrée par mon imagination; mon imagination, qui tantôt me console, & tantôt me tourmente! (*elles sortent.*)

SCÈNE VI.

Une rue d'Ephèfe.

ANTIPHOLIS *de Syracufe feul.*

Je ne rencontre pas un homme qui ne me falue, comme fi j'étois leur intime connoiffance, leur ami, & chacun m'appelle par mon nom. Quelques-uns m'offrent de l'argent, d'autres m'invitent à dîner, d'autres me remercient des fervices que je leur ai rendus; d'autres m'offrent des marchandifes à acheter : tout-à-l'heure un Tailleur m'a appellé dans fa boutique, & m'a montré des foieries, qu'il avoit, dit-il, achetées pour moi; & là-deffus, il me prend ma mefure. — Sûrement, tout cela n'eft qu'enchantement, qu'illufions, & les Sorciers de la Laponie habitent dans ces lieux.

SCÈNE VII.

ANTIPHOLIS *de Syracuse*,
DROMIO *de Syracuse*.

DROMIO.

Mon Maître, voici l'or que vous m'avez envoyé chercher.... Quoi ! vous vous êtes donc débarrassé du portrait du vieux Adam (†) habillé de neuf ?

ANTIPHOLIS.

Quel or est-ce-là ? De quel Adam veux-tu parler ?

DROMIO.

Je ne parle pas de l'Adam, qui occupoit le Paradis ; mais de cet Adam qui garde la prison : de celui

---

(†) Le Maître de Dromio se voyant arrêté, avoit envoyé Dromio à sa demeure chercher une somme d'argent pour racheter sa liberté. Dromio, revenant avec l'argent, rencontre l'autre Antipholis, qu'il prend pour son maître, & le voyant débarrassé du Sergent qui l'avoit arrêté, il s'écrie dans sa surprise : *Comment vous êtes-vous donc débarrassé de ce portrait du vieux Adam habillé de neuf ?* Allusion à Adam qui alloit nud dans son état d'innocence, & qui après sa transgression, se couvrit de peaux. De même les Sergens du *Counter*, étoient anciennement vêtus de buffle, ou de peau de veau. *Théobald.*

qui va vêtu de la peau du veau qui fut tué pour l'Enfant Prodigue; celui qui est venu à vous par derrière, Monsieur, comme un mauvais Ange, & qui vous a dépouillé de votre liberté.

ANTIPHOLIS.

Je ne t'entends pas.

DROMIO.

Non? hé, c'est pourtant une chose bien simple : cet homme qui marchoit, comme une basse de viole dans un étui de cuir; l'homme, Monsieur, qui quand les gens sont fatigués, d'un tour de main leur procure le repos ; celui, Monsieur, qui prend pitié des hommes ruinés, & leur donne des habits de durée (†), celui qui, son arme en arrêt, fait plus d'exploits (§) avec sa masse, qu'un autre avec une pique moresque (¶).

ANTIPHOLIS.

Quoi ? veux-tu dire un Sergent ?

(†) Equivoque intraduisible, *Durance*, signifie *durée* & *prison*.

(§) C'est-à-dire, des exploits, des tours d'adresse.

(¶) Les Piques des Maures étoient anciennement vantées; ensuite les piques d'Espagne ont eu la même réputation. *Tollet.*

DROMIO.

Oui, Monsieur, le Sergent de Ville : celui qui force tout homme qui manque à son obligation, d'en répondre ; un homme qui croit qu'on va toujours se coucher, & qui vous dit : » Dieu vous donne la bonne nuit ! «

ANTIPHOLIS.

Allons, l'ami ; reste donc dans ta folie. — Y-a-t-il quelque vaisseau qui parte ce soir ? Pouvons-nous quitter cette Ville ?

DROMIO.

Oui, Monsieur ; je suis venu vous rendre réponse il y a une heure, que la barque l'*Expédition* partoit cette nuit : mais alors vous étiez empêché avec le Sergent, & forcé de retarder au-delà du délai marqué : voici les *Anges* (†) que vous m'avez envoyé chercher, pour vous affranchir.

ANTIPHOLIS.

Ce garçon est dans le délire, & moi j'y suis aussi ; & nous ne faisons ici qu'errer d'illusions en illusions. Puissances du Ciel, délivrez-nous de ces lieux !

___

(†) Pièces d'argent.

SCÈNE VIII.

Les mêmes. UNE COURTISANNE.

LA COURTISANNE.

Ah! je suis bien aise, fort aise de vous trouver, Monsieur Antipholis. Je vois, Monsieur, que vous avez enfin rencontré l'Orfévre : est-ce là la chaîne que vous m'avez promise aujourd'hui ?

ANTIPHOLIS.

Va-t-en, Satan ! je te défens, de me tenter.

DROMIO.

Mon maître, est-ce là la maîtresse de Satan ?

ANTIPHOLIS.

C'est le Démon (†).

DROMIO.

(†) ″C'est pis encore ; c'est la Dame du Démon ; & elle vient ici sous la forme d'une fille *légère* ; & voilà pourquoi les filles disent : Dieu me damne ! ce qui signifie ; Dieu me fasse fille légère. Il est écrit, qu'elles apparoissent aux hommes comme des Anges de lumière : la lumière est un effet du feu, & le feu brûle : Ergo, les filles de lumière brûleront : n'approchez pas d'elle ″. — Équivoque sur le mot *light*, léger & lumière.

LA COURTISANNE.

Vous êtes admirables, vous, Monsieur, & votre valet : vous êtes de joyeux compagnons ! Voulez-vous venir avec moi ? Nous amenderons notre dîner en goûtant ici.

DROMIO.

Mon maître, si vous devez goûter d'un mets qui se mange à la cuiller, commandez-donc auparavant une longue cuiller.

ANTIPHOLIS.

Pourquoi, Dromio ?

DROMIO.

Vraiment, c'est qu'il faut une longue cuiller à l'homme, qui est obligé de manger avec le Diable.

ANTIPHOLIS *à la Courtisanne.*

Loin de moi, furie ! Que viens-tu me parler de goûter : tu es, comme toutes tes pareilles, une Sorciere : je t'exorcise, & te somme de me laisser, & de t'éloigner de moi.

LA COURTISANNE.

Donnez-moi donc mon anneau que vous m'avez pris à dîner ; ou, pour mon diamant, donnez-moi la chaîne que vous m'avez promise, & alors je vous laisserai, Monsieur, & ne vous importunerai plus.

DROMIO.

Il y a des Diables qui ne vous demandent que la rognure d'un ongle, une paille, un cheveu, une goutte de sang, une épingle, une noix, un noyau de cerise! mais celle-ci, plus avide que les autres, voudroit avoir une chaîne. Mon maître, prenez bien garde : s'il faut que vous lui donniez la chaîne, la Diablesse secouera sa chaîne, & nous en épouvantera.

LA COURTISANNE.

Je vous en prie, Monsieur, ma bague, ou bien la chaîne. J'espère que vous n'avez pas eu l'intention de me duper.

ANTIPHOLIS.

Veux-tu me laisser, Sorciere ? — Allons, Dromio, partons.

DROMIO.

Fuis l'orgueil, dit le Paon; afin que vous le sachiez, Madame.

(*Antipholis & Dromio s'en vont.*)

SCÈNE IX.

LA COURTISANNE *seule*.

Oh! il n'y a plus à en douter, Antipholis a perdu l'esprit; autrement il ne se fût jamais conduit de la sorte avec moi: il a à moi une bague de la valeur de quarante ducats, & il m'avoit promis en place une chaîne d'or : & à présent il me dénie l'une & l'autre, ce qui me fait conclure qu'il est devenu fou. Outre le trait que je viens de citer, ce sont les contes extravagans qu'il m'a débités aujourd'hui à dîner, comme quoi il n'a pu rentrer chez lui, comme quoi on lui a fermé la porte; & il est probable que sa femme, qui connoît ses accès de folie, lui aura en effet fermé la porte exprès. Ce que j'ai donc à faire à présent, c'est de gagner promptement sa maison, & de dire à sa femme, que dans un accès de sa folie, il est entré brusquement chez moi, & m'a enlevé de vive force une bague, qu'il m'a emportée : voilà le parti qui me semble le plus sûr, & celui que je choisis : car quarante ducats aussi, c'est trop perdre.

SCÈNE X.

La Scène se passe dans la rue.

ANTIPHOLIS d'Ephèse, suivi d'un Geolier.

ANTIPHOLIS.

N'AYE aucune inquiétude, Geolier; je ne chercherai pas à m'évader de tes mains: je te donnerai, avant de te quitter, autant d'argent pour caution, que monte la somme pour laquelle je suis arrêté. Ma femme est dans ses mauvaises humeurs aujourd'hui; & elle ne veut pas se fier légèrement au messager, ni croire sur son récit, que j'aie pu être arrêté pour dettes dans les rues d'Ephèse: je te dis, que cette nouvelle l'étonnera bien, & prendra difficilement dans son oreille.

SCÈNE XI.

Les mêmes. DROMIO *d'Ephèse avec un bout de corde à la main.*

ANTIPHOLIS d'Ephèse.

Voici mon valet : j'espère qu'il m'apporte l'argent. — Hé bien, Dromio ? Avez-vous ce que je vous ai envoyé chercher ?

DROMIO d'Ephèse.

Voici, je vous le garantis, de quoi les payer tous (†).

ANTIPHOLIS.

Mais l'argent, où est-il ?

DROMIO.

Quoi, Monsieur ! j'ai donné l'argent pour la corde !

(†) Réponse semblable d'un Laboureur : interrogé par un parti de soldats du Parlement dans le tems de la révolte de 1641 ; sur ce qu'il semoit là, dans l'idée où ils étoient que ce seroit pour eux la récolte, le Laboureur qui semoit du chanvre, leur répondit sans s'émouvoir : » je crois que j'en ai semé assez pour vous tous «. *Gray.*

COMÉDIE.

ANTIPHOLIS.

Cinq cent ducats, coquin, pour un bout de corde?

DROMIO.

Je vous en fournirai cinq cens, Monsieur, comme celui que j'ai, pour ce prix.

ANTIPHOLIS.

Pourquoi t'ai-je ordonné de courir en hâte au logis?

DROMIO.

Pour avoir un bout de corde, Monsieur; & c'est pour vous l'apporter, que je suis revenu.

ANTIPHOLIS.

Et pour cela, moi, je vais te donner ta récompense. (*Il le bat.*)

L'OFFICIER.

Monsieur, modérez-vous; de la patience.

DROMIO.

Vraiment c'est à moi qu'il la faut recommander, la patience : je suis dans l'adversité.

L'OFFICIER à *Dromio*.

Allons, contiens ta langue,

Tome XVI. Premiere Partie.

DROMIO.

Persuadez lui plutôt de contenir ses mains.

ANTIPHOLIS.

Vil maraut, lâche & insensible coquin.

DROMIO.

Je le voudrois bien être insensible, Monsieur; pour ne pas sentir vos coups.

ANTIPHOLIS.

Tu ne sais rien sentir, que les coups, & tu es un âne stupide.

DROMIO.

Oui, en effet, je suis un âne: vous pouvez le prouver par mes oreilles allongées. — Je l'ai servi depuis l'heure de ma naissance jusqu'à cet instant, & je n'ai jamais rien gagné à son service, que des coups. Quand j'ai froid, il me réchauffe avec des coups: quand j'ai chaud, il me rafraîchit avec des coups: c'est avec des coups qu'il m'éveille, quand je suis endormi; qu'il me fait lever, quand je suis assis; qu'il me chasse de sa porte, quand il m'envoie en message; qu'il m'accueille chez lui à mon retour. Enfin je porte ses coups sur mes épaules aussi assidûment qu'un mendiant fait son crasseux marmot sur son dos; & je crois, que quand il m'aura estropié

& cassé une jambe, il me faudra aller mendier avec cela de porte en porte.

SCENE XII.

Les mêmes. ADRIANA, LUCIANA *& LA COURTISANNE, avec un Maître d'Ecole* (†) *nommé* PINCH, *& autres.*

ANTIPHOLIS *d'Ephèse, appercevant sa femme.*

Allons, suivez-moi : j'apperçois ma femme qui vient là-bas.

DROMIO.

Maîtresse, regardez la fin (§), ou plutôt la pro-

───

(†) Dans plusieurs Villages le Maître d'Ecole est encore réputé Sorcier. Steevens.

(§) Ces mots semblent renfermer une allusion à un fameux Pamphlet du tems, écrit par Buchanam contre le Lord de Liddington ; lequel finit par ces mots : *Respice finem, respice funem.* — La prophétie du perroquet fait allusion à la coutume du peuple qui apprend à cet oiseau des mots sinistres ; & lorsqu'un passant s'en offensoit, le maître de l'oiseau lui répondoit : *Prenez garde, Monsieur : mon perroquet est Prophète.* Warburton.

phétie ; comme difoit le perroquet : prenez garde à la corde.

ANTIPHOLIS *battant Dromio.*

Veux-tu toujours parler ?

LA COURTISANNE *à Adriana.*

Hé bien, qu'en penfez-vous à préfent : eft-ce que votre mari n'eft pas fou ?

ADRIANA.

Son incivilité me le prouve affez. — Bon docteur Pinch, vous favez conjurer les malins Génies ; rétabliffez-le dans fon bon fens, & je vous donnerai tout ce que vous demanderez.

LUCIANA.

Hélas ! comme fes regards font étincelans & furieux !

LA COURTISANNE.

Voyez, comme fes nerfs s'agitent dans fon tranfport !

PINCH *à Antipholis.*

Donnez-moi votre main ; que je tâte votre pouls.

ANTIPHOLIS *lui préfentant fa main, & lui donnant un coup fur l'oreille.*

Tenez, la voilà : & que votre oreille juge de fon pouls.

COMÉDIE.

PINCH.

Je te conjure, Satan, qui es logé dans cet homme, & t'enjoins de céder le corps, que tu possédes, à mes saintes prieres, & de te replonger sur le champ dans tes abîmes ténébreux : je t'adjure par tous les Saints du ciel.

ANTIPHOLIS.

Tais-toi, masque hideux, imbécille radoteur, tais-toi. Je ne suis pas fou.

ADRIANA.

Oh plût à Dieu que tu ne le fusses pas, pauvre ame tourmentée !

ANTIPHOLIS à sa femme.

Vous, mignonne, vous, dis-je : sont-ce-là vos chalands ? Est-ce ce compagnon à la face de saffran, qui étoit en gala & en joie aujourd'hui chez moi ; tandis que mes portes étoient insolemment fermées à leur maître, & qu'on m'a interdit l'entrée de ma maison ?

ADRIANA.

Oh, mon mari : Dieu sait, que vous avez dîné à la maison avec moi ; & si vous étiez resté jusqu'à présent, vous seriez exempt de ces affronts & de cet opprobre !

ANTIPHOLIS.

Eſt-ce que j'ai dîné à la maiſon ? — Toi, coquin, qu'en dis-tu ?

DROMIO.

Pour dire la vérité, Monſieur, vous n'avez pas dîné au logis.

ANTIPHOLIS.

Mes portes n'étoient-elles pas fermées, & moi dehors ?

DROMIO.

Mais ſûrement : vos portes étoient fermées, & vous dehors.

ANTIPHOLIS.

Et ne m'a-t-elle pas elle-même dit des injures ?

DROMIO.

Sans mentir ; elle vous a dit des injures.

ANTIPHOLIS.

Sa ſervante ne m'a-t-elle pas inſulté, invectivé, mépriſé.

DROMIO.

Il eſt ſûr qu'elle a fait tout cela : la veſtale cuiſiniere (†) vous a repouſſé injurieuſement.

(†) Parce que ſon office, comme celui d'une veſtale, eſt d'entretenir le feu. JOHNSON.

COMÉDIE.

ANTIPHOLIS.

Et ne m'en suis-je pas allé tout transporté de rage?

DROMIO.

Dans la vérité, rien n'est plus certain : mes os en sont témoins ; eux qui depuis ont senti toute la force de cette rage.

ADRIANA *à Dromio*.

Convient-il de lui donner raison dans ses contradictions?

PINCH.

Il n'y a pas de mal à cela : le valet rencontre sa veine, & en lui cédant, il égaye sa frénésie.

ANTIPHOLIS *à sa femme*.

Tu as suborné l'Orfévre, pour me faire arrêter.

ADRIANA.

Hélas! au contraire : je vous ai envoyé de l'argent pour racheter votre liberté ; par Dromio que voilà, qui est accouru le chercher.

DROMIO.

De l'argent? par moi? Du bon cœur & de la bonne volonté, tant que vous voudrez : mais certainement, mon maître, pas une parcelle d'écu.

ANTIPHOLIS.

N'es-tu pas allé la trouver pour lui demander une bourse de ducats ?

ADRIANA.

Oui, il est venu, & je la lui ai remise.

LUCIANA.

Et moi, je suis témoin, qu'elle les lui a remis.

DROMIO.

Dieu & le Cordier me sont témoins, qu'on ne m'a envoyé chercher rien autre chose qu'une corde ?

PINCH.

Madame, le maître & le valet sont tous deux possédés du Diable. Je le vois à leur pâleur, à leurs yeux éteints & morts. Il faut les lier, & les loger dans quelque lieu ténébreux.

ANTIPHOLIS *à sa femme.*

Répondez ; pourquoi m'avez-vous fermé la porte aujourd'hui ? Et toi, (*à Dromio*) pourquoi nies-tu la bourse d'or qu'on t'a donnée ?

ADRIANA.

Mon mari, je ne vous ai point fermé la porte.

DROMIO.

DROMIO.

Et moi, mon cher maître, je n'ai point reçu d'or : mais je confesse, Monsieur, qu'on vous a fermé la porte.

ADRIANA.

Insigne imposteur, tu fais un double mensonge.

ANTIPHOLIS.

Hypocrite prostituée, tu mens en tout ; & tu as fait ligue avec une bande de scélérats pour m'insulter, m'accabler d'affronts & de mépris ; mais avec ces ongles je t'arracherai tes yeux perfides, qui se font un plaisir de me voir dans cette détresse ignominieuse.

SCÈNE XIII.

Les mêmes. Entrent trois ou quatre hommes, qui s'offrent à le lier ; ANTIPHOLIS *se débat.*

ADRIANA.

Oh ! liez-le, liez-le, qu'il ne m'approche pas.

PINCH.

Du renfort — Le Démon qui le possède, est des plus forts.

LUCIANA.

Hélas, le pauvre malheureux, comme il est pâle ; comme ses yeux sont cernés !

ANTIPHOLIS.

Quoi, voulez-vous m'égorger ? Toi, Geolier ; je suis ton prisonnier : souffriras-tu, qu'ils me reprennent de tes mains ?

L'OFFICIER.

Allons, Monsieur ; laissez-le en liberté : il est mon prisonnier ; & vous ne me l'enlèverez pas.

PINCH.

Allons, qu'on lie cet homme-là : car c'est un frénétique aussi, lui.

ADRIANA.

Que veux-tu dire, Officier mutin ? As-tu donc du plaisir à voir un infortuné s'outrager & se tourmenter lui-même ?

L'OFFICIER.

Il est mon prisonnier : si je le laisse aller, on exigera de moi le payement de la somme qu'il doit.

ADRIANA.

Je te déchargerai, avant de te quitter : conduis-moi tout-à-l'heure à fon créancier. (*On lie Antipholis & Dromio.*) Et lorfque je faurai la caufe de la dette, je l'acquitterai. Mon cher Docteur, voyez à ce qu'il foit conduit en fûreté jufques à ma maifon. — O malheureux jour !

ANTIPHOLIS.

O miférable proftituée !

DROMIO.

Mon maître, me voilà entré dans les liens pour l'amour de vous.

ANTIPHOLIS.

Malheur à toi, fcélérat ! pourquoi me fais-tu mettre en fureur ?

DROMIO.

Voulez-vous donc être lié pour rien ? Soyez fou, mon maître, foyez furieux ; criez, le Diable....

LUCIANA.

Dieu les affifte, les pauvres malheureux ! Comme ils extravaguent dans leur délire ?

ADRIANA.

Allons, emmenez-le de ce lieu. — Ma fœur, venez avec moi.

(*Pinch, Antipholis, Dromio, &c. sortent.*)
(*A l'Officier.*)

Dites-moi à présent, à la requête de qui est-il arrêté ?

L'OFFICIER.

A la requête d'un certain Angelo, un Orfévre : le connoîtriez-vous ?

ADRIANA.

Oui, je le connois : quelle somme lui doit-il ?

L'OFFICIER.

Deux cent ducats.

ADRIANA.

Et pourquoi les lui doit-il ?

L'OFFICIER.

C'est le prix d'une chaîne, que votre mari a reçue de lui.

ADRIANA.

Il avoit commandé une chaîne pour moi ; mais elle ne lui a pas été livrée.

LA COURTISANNE.

Au moment où votre mari, tout en fureur, est venu aujourd'hui chez moi, & m'a emporté ma

COMÉDIE.

bague, que je lui ai vue au doigt tout-à-l'heure, un moment après je l'ai rencontré avec la chaîne.

ADRIANA.

Cela peut bien être : mais moi, je ne l'ai jamais vue — Venez, Officier : conduisez-moi à la demeure de l'Orfévre : je brûle de savoir le vrai de cette histoire dans ses détails.

SCÈNE XIV.

Les mêmes. ANTIPHOLIS *de Syracuse, l'épée nue,* & DROMIO *de Syracuse.*

LUCIANA.

O Dieu, ayez pitié de nous ! les voilà déjà lâchés.

ADRIANA.

Et ils viennent l'épée nue ! Appellons du secours, pour les faire lier de nouveau.

L'OFFICIER.

Fuyons : ils nous tueroient. (*Ils s'enfuyent.*)

SCÈNE XV.

Le même ANTIPHOLIS, DROMIO.

ANTIPHOLIS.

Je vois, que ces Sorcieres ont peur de l'épée.

DROMIO.

Celle qui vouloit être votre femme tantôt, vous fuit à préfent.

ANTIPHOLIS.

Allons au Centaure. Sortons-en nos malles; je languis de me voir parti d'ici & en fûreté fur mer.

DROMIO.

Non, reftez cette nuit: je vous garantis, qu'ils ne nous feront aucun mal. Vous avez vu, qu'ils nous ont parlé amicalement, qu'ils nous ont donné de l'or; moi, je crois que nous fommes ici au milieu d'un peuple aimable & bon, fans cette énorme montagne de chair folle, qui prétend avoir des droits fur moi, je me fentirois affez d'envie de refter ici toujours, & de devenir Sorcier comme les autres.

ANTIPHOLIS.

Je n'y resterois pas ce soir pour la valeur de la Ville entière : allons à notre Auberge, & portons notre bagage à bord. (*Ils sortent.*)

Fin du quatrième Acte.

ACTE V.

SCÈNE PREMIÈRE.

La Scène se passe dans une rue devant un Monastère.

LE MARCHAND & ANGELO.

ANGELO.

JE suis fâché, Monsieur, d'avoir retardé votre départ. Mais je vous proteste que la chaîne lui a été livrée par moi, quoiqu'il ait la malhonnêteté inconcevable de le nier.

LE MARCHAND.

Comment cet homme est-il regardé dans cette Ville?

ANGELO.

Très-considéré; la plus belle réputation; d'un crédit sans bornes; singulierement aimé: il ne le cède à pas un citoyen de cette Ville: je lui donnerois sur sa parole tout ce que mon magasin renferme d'or.

LE MARCHAND.

Parlez bas : c'est lui, si je ne me trompe, qui se promène là.

SCÈNE II.

Les mêmes. ANTIPHOLIS & DROMIO *de Syracuse.*

ANGELO.

Oui, c'est lui-même : il porte à son cou cette même chaîne, qu'il a juré, par un parjure insigne, n'avoir pas reçue. Monsieur, suivez-moi, je vais l'aborder — (*à Antipholis.*) Seigneur Antipholis, je suis bien étonné, que vous m'ayez fait un pareil affront & jetté dans cet embarras; & votre honneur à vous-même en a souffert. Me nier d'un ton si décidé, avec des sermens, cette chaîne là même, que vous portez à présent si ouvertement ! Outre l'embarras, la honte & l'emprisonnement que vous m'avez fait subir, vous avez encore fait tort à cet honnête ami, qui, s'il n'avoit pas été forcé d'attendre l'issue de notre débat, auroit mis à la voile,

& feroit actuellement en mer. Vous avez reçu cette chaîne de moi : pouvez-vous le nier ?

ANTIPHOLIS.

Je le fais, que je l'ai reçue de vous : je ne l'ai jamais nié, Monsieur.

ANGELO.

Oh! vous l'avez nié, Monsieur : & avec sermens encore.

ANTIPHOLIS.

Qui m'a entendu le nier, & jurer le contraire ?

LE MARCHAND.

Moi, que vous voyez, je l'ai entendu de mes propres oreilles : allons, fi : vous êtes un misérable. C'est une honte, que vous respiriez l'air que respirent les honnêtes gens.

ANTIPHOLIS.

Vous êtes un malheureux, de me charger de pareille accusation : je soutiendrai mon honneur & ma probité contre vous, & tout-à-l'heure, si vou osez me faire face. (*Ils tirent l'épée pour se battre.*)

COMÉDIE.

SCÈNE III.

Les mêmes. ADRIANA, LUCIANA, LA COURTISANNE, *& autres.*

ADRIANA *accourant.*

Arrêtez, ne le bleſſez pas; au nom de Dieu! Il eſt fou — Saiſiſſez-vous de lui, quelqu'un: ôtez-lui ſon épée. — Liez Dromio auſſi: & conduiſez-les à ma maiſon.

DROMIO.

Fuyons, mon maître, fuyons; au nom de Dieu, cherchez un aſyle dans quelque maiſon. Voici une eſpèce de Prieuré: entrons-y vîte, ou nous ſommes perdus.

SCÈNE IV.

Les mêmes. L'ABBESSE *paroît.*

L'ABBESSE.

Appaisez-vous, honnêtes gens : pourquoi vous preffez-vous en foule à cette porte ?

ADRIANA.

Eh ! je veux avoir mon pauvre époux, dont l'efprit eft égaré. Entrons, afin de pouvoir le lier comme il faut, & l'emmener chez lui, pour voir aux moyens de rétablir fa raifon.

ANGELO.

Je le favois bien, qu'il ne jouiffoit pas de fon bon fens.

LE MARCHAND.

Je fuis fâché maintenant, d'avoir tiré l'épée contre lui.

L'ABBESSE.

Combien y-a-t-il, qu'il eft dans cet état de folie ?

ADRIANA.

Toute cette femaine il a été mélancolique, chagrin,

triste, & bien différent de ce qu'il étoit naturellement : mais jufqu'à cette après-midi, fes accès n'avoient pas été pouffés jufqu'à cette frénéfie.

L'ABBESSE.

N'a-t-il point fait une grande perte fur mer ? Enterré quelque ami chéri ? Ses regards ne fe font-ils pas égarés fur quelque objet d'une paffion illégitime ? C'eft un vice, dominant dans beaucoup de jeunes gens, qui donnent à leurs yeux errans trop de licence : lequel de ces accidens a-t-il éprouvé ?

ADRIANA.

Aucun ; fi ce n'eft peut-être le dernier. Je veux dire quelque amourette, qui l'éloignoit fouvent de fa maifon.

L'ABBESSE.

Vous auriez dû lui faire des remontrances.

ADRIANA.

Eh ! je l'ai fait.

L'ABBESSE.

Mais pas affez fortes.

ADRIANA.

Auffi fortes, que la décence & la pudeur me le permettoient.

L'ABBESSE.

Peut-être en particulier.

ADRIANA.

Et en public aussi.

L'ABBESSE.

Oui, mais pas assez fréquemment.

ADRIANA.

C'étoit l'éternel sujet de nos entretiens : au lit, je ne le laissois pas dormir, à force de le tenir sur cet article. A table, je ne le laissois pas manger. Etions-nous seuls : je lui en parlois sans cesse ? En compagnie, j'y faisois de fréquentes allusions ; je lui ai répété sans cesse, que c'étoit une chose honteuse, & criminelle.

L'ABBESSE.

Et voilà comme il est arrivé, que votre mari est devenu fou (†) : les aigres clameurs d'une femme jalouse glissent dans le cœur d'un époux, un poison plus mortel, que ne feroit la dent du chien possédé

(†) Il y a ici d'excellens conseils pour les épouses. L'Abbesse tire adroitement d'Adriana ses aveux de la conduite qu'elle a tenue avec son mari, pour en inférer la cause de sa folie. MM. GRIFFITH.

COMÉDIE.

de la rage. Il paroît, que vos querelles ont troublé son sommeil & ses nuits, & voilà pourquoi son cerveau est devenu vuide & léger. Vous dites, qu'il ne faisoit point de repas qui ne fût assaisonné de vos reproches : des repas pris dans le malaise & le trouble produisent les mauvaises digestions, qui bientôt servent d'alimens aux feux & au délire de la fièvre : car qu'est-ce que la fièvre, qu'un accès de folie ? Vous dites, que vos cris & vos querelles ont interrompu ses exercices & vexé ses délassemens : lorsqu'on enlève à un homme la douceur d'une utile & rafraîchissante récréation, quelle en est la suite ? N'est-ce pas une humeur atrabilaire, une sombre mélancolie, compagne naturelle de l'affreux & inconsolable désespoir ? Et le désespoir ne traîne-t-il pas à sa suite une cohorte empestée de maux nombreux, de pâles & livides consomptions, & autres accidens cruels, ennemis de nos jours ? Le désordre & le trouble dans ses exercices, dans sa nourriture, & dans le sommeil qui répare & conserve la vie, conduisent nécessairement l'homme & la brute à la folie & au délire. La conséquence est donc, que ce sont vos accès de jalousie qui ont privé votre mari de l'usage de sa raison.

LUCIANA.

Eh ! jamais elle ne lui a fait de remontrances qu'avec la plus grande douceur, lorsque lui, il se livroit à la fougue, à la brutalité de ses emportemens grossiers. (*A sa sœur.*) Pourquoi donc en essuyant ces outrages, gardez-vous le silence ?

ADRIANA.

Elle m'a, par ses reproches, livrée à ceux de ma propre conscience. — Honnêtes gens, entrez, & tâchez de mettre la main sur lui.

L'ABBESSE.

Non ; jamais personne n'entre dans ma maison.

ADRIANA.

Hé bien, ordonnez donc à vos valets de me ramener mon mari.

L'ABBESSE.

Cela ne sera pas non plus : il a pris ce lieu pour un asyle sacré : & cette maison privilégiée garantira sa liberté de vos mains, jusqu'à ce que je l'aye ramené à l'usage de ses facultés, ou que j'aye perdu mes peines dans l'essai de mes secours.

ADRIANA.

Je veux être auprès de mon mari, être sa nourrice assidue, traiter sa maladie, car c'est mon office ; & je ne veux d'autre agent que moi-même : ainsi laissez-le moi remener dans ma maison.

L'ABBESSE.

COMÉDIE.

L'ABBESSE.

Ceſſez cet emportement : je ne le laiſſerai point ſortir, que je n'aye employé les remèdes & les moyens que j'ai, des ſyrops ſalutaires, d'efficaces ingrédiens, & de ſaintes prieres, pour le rétablir dans l'état naturel de l'homme : c'eſt une partie de mon vœu, un devoir charitable de notre inſtitution; ainſi retirez-vous, & laiſſez-le ici à mes ſoins.

ADRIANA.

Je ne bougerai pas d'ici, & je ne laiſſerai point ici mon mari. Il ſied mal à votre état ſaint & reſpectable, de ſéparer l'époux de l'épouſe.

L'ABBESSE.

Vos cris ſont inutiles : retirez-vous, vous ne l'aurez point.

LUCIANA (à ſa ſœur.)

Venez vous plaindre au Duc de cette indigne injuſtice.

(*L'Abbeſſe ſort.*)

ADRIANA. (à ſa ſœur.)

Allons, venez : je me jetterai à ſes pieds, & je ne m'en relève point que je n'aye obtenu de ſa Grace, par mes larmes & mes prieres, qu'il ſe tranſporte lui-même en personne au Monastère, & qu'il ne force l'Abbesse à nous rendre mon mari.

LE MARCHAND.

Si je ne me trompe, l'aiguille de ce cadran marque cinq heures. En ce cas, je suis sûr, que dans ce moment le Duc lui-même va se rendre en personne dans cette vallée, scène de mort & de tristes exécutions, derrière les fossés de l'Abbaye, ici près.

ANGELO.

Et pour quelle cause y viendroit-il ?

LE MARCHAND.

Pour voir trancher la tête à un respectable Marchand de Syracuse, qui a eu le malheur de mettre le pied dans cette baïe, & qui par cette imprudence a enfreint les loix & les statuts de cette ville.

ANGELO.

En effet, les voilà qui s'avancent : nous allons assister à cette exécution.

LUCIANA *à sa sœur.*

Jettez-vous aux pieds du Duc, avant qu'il ait passé l'Abbaye.

COMÉDIE. 115

SCÈNE V.

Les mêmes. LE DUC *avec son Cortége.* ÆGEON *la tête nue ;* LE BOURREAU, *des* GARDES *& autres* OFFICIERS.

LE DUC *à un Crieur public.*

Faites encore une fois la proclamation publique : que s'il se trouve quelque ami qui veuille payer la somme pour lui, il ne mourra point ; tant nous nous intéressons à son sort !

ADRIANA *se jettant aux genoux du Duc.*

Justice, vénérable Duc, justice contre l'Abbesse !

LE DUC.

C'est une Dame vertueuse & respectable : il n'est pas possible, qu'elle ait pu vous faire aucun tort, aucune offense.

ADRIANA.

Daignez m'écouter : Antipholis, mon époux — que j'ai fait le maître de ma personne & de tout ce que je possédois, à la sollicitation de vos lettres (†) preffantes — Il a, dans ce jour fatal, été attaqué d'un accès de folie des plus violens. Il s'eft élancé en furieux dans la rue (& avec lui fon efclave, qui eft auffi furieux que lui) outrageant les citoyens, entrant de force dans leurs maifons, emportant avec lui bagues, joyaux, tout ce qui plaifoit au caprice de fa fureur. Je fuis parvenue à le faire enchaîner une fois, & à le faire conduire chez moi, & je fuis allée auffitôt réparer les torts que fa furie avoit commis ça & là dans la Ville. A ma grande furprife, je ne fai par quel moyen il a pu s'affranchir, il s'eft débarraffé des perfonnes qui le gardoient, & fuivi de fon efclave forcené comme lui, tous deux pouffés par une paffion funefte & effrénée, les épées tirées, nous ont rencontrés, & font venus fondre fur nous ; ils nous ont écartés & forcés de fuir : jufqu'à ce qu'à la fin, nous étant arrivé plus de renfort, nous fommes venus à bout de les affujettir & de les lier de nouveau ; alors ils fe font fauvés dans cette Abbaye, où nous les avons pourfuivis. Et voilà que l'Abbeffe nous ferme les portes, & ne veut pas permettre que nous le retirions de fon enceinte. Ainfi, très-bienfaifant Duc, par votre autorité, ordonnez qu'il foit tiré de cette maifon,

---

(†) Shakefpear, qui prête à toutes les Nations les coutumes de la fienne, femble ici faire allufion à une Cour des pupilles dans Ephèfe. STEEVENS.

& emmené chez lui, pour y recevoir les secours convenables.

LE DUC.

Votre mari a servi longtems dans mes guerres; & je vous ai engagé ma parole de Prince, lorsque vous l'avez admis à partager votre lit nuptial, de lui faire tout le bien, & toutes les faveurs qui pourroient dépendre de moi. — Allons, quelqu'un; frappez aux portes de l'Abbaye, & dites à la Dame Abbesse de venir me parler : je veux arranger ce différend, avant de passer outre.

SCÈNE VI.

Les mêmes. UN MESSAGER.

LE MESSAGER.

O ma maîtresse, ma maîtresse, courez vous cacher & sauvez vos jours. Mon maître & son esclave sont tous deux lâchés : ils ont battu les servantes à tour de rôle, & enchaîné le Docteur, dont ils ont flambé la barbe avec des tisons allumés (†); & comme il

---

(†) Cette risible circonstance pouvoit trouver place ici dans une Comédie : mais elle semble bien déplacée dans un Poëme

étoit tout en flammes, ils lui ont jetté sur le corps force pelles de fange infecte, pour éteindre le feu qui avoit pris à ses cheveux. Mon maître l'exhorte à la patience, tandis que son esclave lui fait des entailles (†) avec des ciseaux, comme à un insensé; & sûrement, si vous n'y envoyez un prompt secours, ils tueront à eux deux le Magicien.

ADRIANA.

Tais-toi, imbécille: ton maître & son valet sont tous deux ici; & tout ce beau récit, que tu nous fais-là, est une fable.

LE MESSAGER.

Ma maîtresse, sur ma vie, je vous dis la vérité.

Epique au milieu des sérieuses horreurs du carnage d'une bataille.

> *Obvius ambustum torrem Corinæus abarâ.*
> *Corripit, & venienti Ebuso, plagamque ferenti*
> *Occupat os flammis: illi ingens barba reluxit*
> *Nidoremque ambusta dedit.*
>
> VIRG. Æneid. Lib. xij.
>
> STEEVENS.

(†) Peut-être étoit-ce la coutume de raser la tête aux idiots ou aux bouffons. STEEVENS.

On trouve dans les Loix Ecclésiastiques d'Alfred, une amende de dix schelings, contre celui qui auroit par injure tondu un homme du peuple comme un *fol*. TOLLET.

Depuis que j'ai vu cette scène, je suis accouru d'une haleine, sans respirer. Il crie après vous, & il jure, que s'il peut vous saisir, il vous grillera le visage, & vous défigurera. (*On entend des cris de l'intérieur de la scène.*) Ecoutez, écoutez: le voilà, je l'entens: fuyez, ma maîtresse, sauvez-vous promptement.

LE DUC à *Adriana*.

Venez, approchez-vous de moi, n'ayez aucune crainte : (*à ses Gardes.*) Défendez-la de vos hallebardes.

ADRIANA *voyant entrer Antipholis d'Ephèse*

O Dieux! c'est mon mari! Vous êtes témoins, qu'il reparoît ici comme un invisible esprit : Il n'y a qu'un moment, que nous l'avons vu entrer dans cette Abbaye même ; & le voilà maintenant qui arrive d'un autre côté : cela passe l'intelligence humaine !

SCÈNE VII.

Les mêmes. ANTIPHOLIS & DROMIO *d'Ephèse.*

ANTIPHOLIS.

Justice, généreux Duc; oh! accordez-moi justice! Au nom des longs services que je vous ai rendus, lorsque je vous ai protégé de mes armes dans le combat, & que j'ai reçu de profondes blessures, pour préserver vos jours, au nom du sang que j'ai perdu pour vous, accordez-moi justice.

ÆGEON,

Si la crainte de la mort ne m'ôte pas la raison, c'est mon fils Antipholis que je vois, & Dromio.

ANTIPHOLIS.

Justice, aimable Prince, contre cette femme que voilà! Elle, que vous m'avez donnée vous-même pour épouse, elle m'a outragé & déshonoré par le plus grand & le plus cruel des affronts. Oui, il est au-dessus de l'imagination, l'affront qu'elle m'a fait essuyer sans pudeur aujourd'hui même.

LE DUC.

LE DUC.

Expliquez-vous, & vous me trouverez juste.

ANTIPHOLIS.

Ce jour même, puissant Duc, elle a fermé sur moi les portes de ma maison, tandis qu'elle avec des débauchés, se livroit à la joie & à l'ivresse d'un festin.

LE DUC.

Voilà une faute grave: répondez, femme: avez-vous fait ce qu'il vous reproche?

ADRIANA.

Non, mon digne Seigneur: — Moi, lui & ma sœur, nous avons dîné ensemble aujourd'hui. Malheur sur mon ame, si l'accusation dont il me charge n'est pas de toute fausseté!

LUCIANA.

Que je ne revoye jamais la lumiere du jour, que je ne goûte jamais le repos de la nuit, si elle ne dit pas à votre Grandeur la pure vérité!

ANGELO.

O femme parjure! toutes les deux mentent impudemment. Et quant à ce reproche que leur fait ce furieux, rien n'est plus vrai.

Tome XVI. Premiere Partie.

ANTIPHOLIS.

Mon Souverain : je vous parle de fang froid, & je fai ce que je dis. Je ne fuis point troublé ni par les vapeurs du vin, ni par le défordre de la colére & de la fureur, quoique l'excès de ces affronts puiffent faire perdre la raifon au plus fage : cette femme m'a enfermé dehors aujourd'hui, & je n'ai pu rentrer pour dîner : cet Orfèvre que vous voyez, s'il n'étoit pas de complot avec elle, pourroit en rendre témoignage : car il étoit avec moi alors : il m'a quitté pour aller chercher une chaîne, promettant de me l'apporter au Porc-Epic, où Baltafar & moi avons dîné enfemble : notre dîné fini, & lui ne revenant point au rendez-vous, je fuis allé le chercher : je l'ai rencontré dans la rue, & en fa compagnie, ce Marchand étranger : là ce parjure Orfèvre m'a juré fans pudeur, que j'avois aujourd'hui reçu de lui une chaîne ; que, Dieu le fait, je n'ai jamais vue : & pour cette caufe, il m'a fait arrêter par un Sergent ! J'ai obéi, & j'ai envoyé mon valet à ma maifon chercher une certaine fomme en ducats : il eft revenu, mais fans argent. Alors j'ai, à force de raifons, déterminé l'Officier à m'accompagner lui-même jufque chez moi. En chemin, nous avons rencontré ma femme & fa fœur, avec une bande de fcélérats qui s'entendoient tous : avec eux ils conduifoient un certain Pinch ; un malheureux à la face d'un meure-de-faim, fquélette décharné, vil charlatan, un difeur de bonne aventure, un efcamoteur; un miférable dans la plus affreufe difette, les yeux creux, & le regard effaré, une vraie momie ambulante : cet ignoble fcélérat a ofé fe donner pour un Magicien ; & me regardant fixement dans les yeux, me tâtant le pouls, & me dévifageant avec fon mafque décharné, il a crié, que j'étois poffédé de l'efprit malin. Auffitôt ils font tous tombés fur moi, ils m'ont garotté, m'ont entraîné, & m'ont plongé, moi & mon valet tous deux liés, dans un humide & ténébreux cachot. A la fin, rongeant avec mes dents les cordes qui me garrottoient, je fuis venu à bout de les rompre; j'ai recouvré ma liberté, & je fuis auffitôt accouru ici aux pieds de votre Alteffe : je la conjure de me donner une ample fatisfaction, pour ces indignités & les affronts inouis qu'on m'a fait fouffrir.

ANGELO.

Mon Prince, tout ce dont je fuis témoin & ce que je foutiens, c'eft qu'il n'a pas dîné chez lui, mais qu'on lui a fermé la porte.

LE DUC à *Angelo.*

Mais lui avez-vous livré ou non la chaîne en queftion?

ANGELO.

Il l'a reçue de moi, mon Prince; & lorsqu'il couroit dans cette rue, ces honnêtes gens lui ont vu la chaîne à son col.

LE MARCHAND à *Antipholis*.

De plus, moi je ferai serment, que de mes propres oreilles je vous ai entendu avouer que vous aviez reçu de lui la chaîne; qu'ensuite vous l'avez nié avec serment dans la place du Marché; & c'est à cette occasion, que j'ai tiré l'épée contre vous: alors, vous vous êtes sauvé dans cette Abbaye qui est devant nous, d'où vous n'avez pu, je crois, que par un miracle, sortir & reparoître au milieu de nous.

ANTIPHOLIS.

Jamais je n'entrai dans l'enceinte de cette Abbaye; jamais vous n'avez tiré l'épée contre moi; jamais je n'ai vu la chaîne: que le Ciel m'assiste, comme je dis la vérité! Et tout ce que vous m'imputez-là, n'est que mensonge.

LE DUC.

Quelle complication d'accusations énigmatiques! Je crois, que vous avez tous bu dans la coupe de Circé. S'il étoit entré dans cette maison, on l'y auroit trouvé: s'il étoit fou, il ne plaideroit pas sa cause

COMÉDIE. 125

avec tant de suite & de bon sens. — (*A la femme.*) Vous dites qu'il a dîné chez lui : l'Orfèvre le nie. — (*A Dromio.*) Et toi, valet, que dis-tu ?

DROMIO.

Prince, il a dîné avec cette femme au Porc-Epic.

LA COURTISANNE.

Oui, mon Prince, & il m'a enlevé de mon doigt cette bague que vous lui voyez.

ANTIPHOLIS.

Cela est vrai, mon Souverain ; c'est d'elle que je tiens cette bague.

LE DUC *à la Courtisanne.*

L'avez-vous vu entrer dans cette Abbaye ?

LA COURTISANNE.

Aussi sûr, mon Prince, qu'il l'est que je vois votre Altesse.

LE DUC.

Cela est étrange ! — Allez, dites à l'Abbesse de se rendre ici : je crois vraiment que vous êtes tous fous, & dans le délire.

(*Un des Gens du Duc va chercher l'Abbesse.*)

ÆGEON.

Puissant Duc, accordez-moi la liberté de dire un

mot. Peut-être vois-je ici un ami, qui sauvera ma vie, & payera la somme qui peut me délivrer.

LE DUC.

Parlez librement, Syracusain ; & expliquez-vous.

ÆGEON à *Antipholis*.

Votre nom, Monsieur, n'est-il pas Antipholis ? Et n'est-ce pas là votre esclave Dromio ?

DROMIO *d'Ephèse*.

Il n'y a pas encore une heure, Monsieur, que j'étois son esclave (†) lié : mais lui, & je l'en remercie, il a rongé mes deux cordes ; & maintenant je suis Dromio, & son esclave, mais délié.

ÆGEON.

Je suis sûr, que tous deux vous vous souvenez de moi.

DROMIO *d'Ephèse*.

Nous nous souvenons de nous mêmes, Monsieur, en vous voyant : car il y a quelques instans que nous étions liés, comme vous l'êtes à présent : vous n'êtes pas le patient de Pinch ? L'êtes-vous, Monsieur ?

(†) Equivoque sur le mot *Bond-man*, qui signifie esclave, & homme lié.

ÆGEON à *Antipholis.*

Pourquoi ce regard étranger sur moi ? Vous me connoissez bien.

ANTIPHOLIS d'Ephèse.

Je ne vous ai jamais vu de ma vie, jusqu'à ce moment.

ÆGEON.

Oh ! je le vois : le chagrin m'a changé, depuis la dernière fois que vous m'avez vu : les heures que j'ai passées dans l'inquiétude, & la dent rongeante du tems, ont étrangement altéré les traits de mon visage. Mais dites-moi encore : ne reconnoissez-vous pas ma voix ?

ANTIPHOLIS d'Ephèse.

Ni votre voix non plus.

ÆGEON.

Et toi, Dromio ?

DROMIO d'Ephèse.

Ni moi, Monsieur ; je vous l'assure.

ÆGEON.

Et moi, je suis sûr, que tu la reconnois.

DROMIO d'Ephèse.

Oui, Monsieur ? Et moi je suis sûr, que non ; & ce qu'un homme vous nie, vous êtes maintenant forcé de l'en croire.

ÆGEON.

Ne pas reconnoître ma voix! O tems destructeur! as-tu donc si fort déformé & épaissi ma langue, dans le court espace de sept années, as-tu brisé l'accent de ma voix affoiblie par la plainte, au point que mon fils unique, qui est sous mes yeux, ne puisse la reconnoître encore? Quoique l'hiver des ans consume ma vigueur & glace mon sang dans ses canaux, quoique la neige des cheveux blancs qui est tombée sur ma tête, ait caché mon visage sillonné de rides; cependant dans cette nuit sombre où s'enfonce la vieillesse, quelque rayon de mémoire luit encore; le flambeau pâlissant de ma vie, jette encore quelques étincelles ; mes oreilles assourdies ne sont pas entièrement privées de la faculté d'entendre, & tous ces témoins vieillis avec moi & exercés par une longue expérience, déposent, (non, ils ne me trompent pas) & me disent, que tu es Antipholis mon fils.

ANTIPHOLIS d'Ephèse.

Je n'ai jamais vu mon pere de ma vie.

ÆGEON.

ÆGEON.

Il n'y a pas encore sept ans, jeune homme, tu le sais, que nous nous sommes séparés à Syracuse: mais peut-être, mon fils, rougis-tu de me reconnoître dans l'affreuse détresse où tu me vois?

ANTIPHOLIS *d'Ephèse.*

Le Duc, & tous ceux de la Ville qui me connoissent, peuvent attester avec moi, que cela n'est pas vrai : je n'ai jamais vu Syracuse de ma vie.

LE DUC.

Je t'assure, Syracusain, que depuis vingt ans que je suis le Patron d'Antipholis, jamais il n'a vu Syracuse: je vois, que ton grand âge & ton danger troublent tes sens & ta raison.

SCÈNE VIII.

Les mêmes. L'ABBESSE, *suivie d'*Antipholis *&* DROMIO *de Syracuse.*

L'ABBESSE.

Très-puissant Duc, vous voyez ici un homme cruellement outragé.

(*Tout le Peuple s'approche & se presse pour voir.*)

ADRIANA.

Je vois deux maris, ou mes yeux me trompent.

LE DUC *frappé de la ressemblance.*

Un de ces deux hommes est sans doute le Génie de l'autre; il en est de même de ces deux esclaves. Lequel des deux est l'homme naturel, & lequel est l'Esprit? Qui peut les distinguer?

DROMIO *de Syracuse.*

C'est moi, Monsieur, qui suis Dromio; ordonnez à cet homme-là de se retirer.

DROMIO *d'Ephese.*

C'est moi, Monsieur, qui suis Dromio : permettez que je reste.

COMÉDIE.

ANTIPHOLIS de Syracuse.

N'es-tu pas Ægeon ? ou es-tu son fantôme ?

DROMIO de Syracuse.

O mon vieux Maître ? qui donc l'a chargé ici de ces liens ?

L'ABBESSE.

Quel que soit celui qui l'a enchaîné, je le dégagerai de sa chaîne, moi. Et je regagnerai un époux, en lui rendant la liberté. — Parlez, vieillard, si vous êtes l'homme qui eut une épouse jadis appellée Emilie, dont le sein vous donna deux beaux enfans. Oh, si vous êtes le même Ægeon, parlez, & parlez à votre Emilie.

LE DUC.

Son aventure de ce matin commence à s'éclaircir: ces deux Antipholis, tous deux si ressemblans, & ces deux Dromio, qui offrent absolument les mêmes traits. — De plus ce qu'elle m'a dit de son naufrage sur la mer. — Oui, ce sont là les pere & mere de ces enfans ; que le hasard amène aujourd'hui à sa rencontre.

ÆGEON à l'Abbesse.

Si je ne suis pas abusé par un songe, tu es Emilie: si tu es elle, dis-moi, où est ce fils qui disparut de mes yeux flottant sur ce fatal radeau.

L'ABBESSE.

Lui & moi, & les deux jumeaux Dromio, nous fumes tous recueillis par des Habitans d'Epidamnum : mais un moment après de farouches Pêcheurs de Corinthe leur enlevèrent de force Dromio, & mon fils ; & moi ils me laissèrent avec ceux d'Epidamnum. Ce qu'ils devinrent depuis, je ne puis le dire : moi, la fortune m'a placée dans l'état où vous me trouvez.

LE DUC à *Antipholis de Syracuse.*

Antipholis, vous êtes venu d'abord de Corinthe ?

ANTIPHOLIS *de Syracuse.*

Non, Prince, non pas moi : je suis venu de Syracuse.

LE DUC à *Antipholis de Syracuse.*

Allons, tenez-vous à l'écart : je ne peux distinguer les deux individus.

ANTIPHOLIS *d'Ephèse.*

Je suis venu de Corinthe, mon gracieux Duc.

DROMIO *d'Ephèse.*

Et moi avec lui.

ANTIPHOLIS d'Ephèse.

Conduit dans cette Ville par le Duc Menaphon, votre oncle, ce guerrier si fameux.

ADRIANA.

Lequel de vous deux a dîné avec moi aujourd'hui?

ANTIPHOLIS de Syracuse.

Moi, ma belle Dame.

ADRIANA.

Et n'êtes-vous pas mon mari?

ANTIPHOLIS d'Ephèse.

Non: je soutiens que non.

ANTIPHOLIS de Syracuse.

Et j'en conviens avec vous; quoiqu'elle m'ait donné ce titre.... & que cette belle Demoiselle, sa sœur que voilà, m'ait appellé son frere. — Et ce que je vous ai dit alors, j'espère avoir un jour l'occasion de vous le prouver; si tout ce que je vois & que j'entends, n'est pas un songe.

ANGELO.

Voilà la chaîne, Monsieur, que vous avez reçue de moi.

ANTIPHOLIS *de Syracuse.*

Je le crois comme vous, Monsieur : je ne la nie pas.

ANTIPHOLIS *d'Ephèse à Angelo.*

Et vous, Monsieur, vous m'avez fait arrêter pour cette chaîne.

ANGELO.

Je crois, qu'oui, Monsieur : je ne le nie pas.

ADRIANA *à Antipholis d'Ephèse.*

Je vous ai envoyé de l'argent, Monsieur, pour vous servir de caution par Dromio ; mais je crois, qu'il ne vous l'a pas porté. (*Désignant Dromio de Syracuse.*)

DROMIO *de Syracuse.*

Non pas par moi ; vous ne m'avez point donné d'argent.

ANTIPHOLIS *de Syracuse.*

J'ai reçu de vous cette bourse de ducats ; & c'est Dromio mon valet qui me l'a apportée : je vois à présent que nous avons rencontré l'un le valet de l'autre : on a pris cet Antipholis pour moi, & moi pour lui ; & delà sont venues ces méprises.

ANTIPHOLIS d'Ephèse.

J'engage ici ces ducats pour la rançon de mon pere, que voilà.

LE DUC.

Il n'en aura pas besoin : votre pere est libre, & sa vie est en sûreté.

LA COURTISANNE à *Antipholis d'Ephèse*.

Monsieur, vous devez me donner ce diamant promis ?

ANTIPHOLIS d'Ephèse.

Le voilà, prenez-le, & bien des remercimens pour la bonne chère dont vous m'avez régalé.

L'ABBESSE.

Illustre Duc, daignez nous faire la grace de venir avec nous & d'entrer dans cette Abbaye : vous entendrez l'histoire entière de nos aventures. Et vous tous, qui êtes assemblés en ce lieu, & qui avez souffert quelque préjudice des erreurs réciproques d'un jour, venez, accompagnez-nous, & vous aurez pleine satisfaction — Pendant vingt-cinq ans entiers, j'ai souffert les douleurs de mere pour vous enfanter tous deux, mes enfans, & ce n'est que de cette heure que je suis enfin délivrée, & que vous naissez pour moi. — Le Duc, mon mari, & mes deux enfans, (*aux deux Dromio.*) & vous, qui marquez l'époque de leur naissance par la vôtre, venez partager la fête de leur nativité & suivez-moi. — A de si longues douleurs, doit succéder une pareille fête!

LE DUC.

De tout mon cœur, je veux jaser comme une commere à cette fête (†). (*Ils sortent.*)

SCÈNE IX.

Les deux ANTIPHOLIS, *& les deux* DROMIO.

DROMIO *de Syracuse à Antipholis d'Ephèse.*

Mon Maître; irai-je reprendre à bord votre bagage?

ANTIPHOLIS *d'Ephèse.*

Dromio, quel bagage à moi as-tu donc embarqué?

DROMIO *de Syracuse.*

Tous vos effets, que vous aviez à l'Auberge du Centaure.

(†) Elle vient de dire que jusqu'à ce moment, ses deux enfans n'étoient pas nés pour elle.

ANTIPHOLIS.

ANTIPHOLIS de Syracuse.

C'est à moi qu'il veut parler : c'est moi qui suis votre Maître, Dromio ; allons, venez avec nous : nous allons pourvoir à cela dans un moment : embrasse ici ton frere ; & réjouis-toi avec lui.

(*Les deux Antipholis sortent.*)

SCÈNE dernière.

Les deux DROMIO.

DROMIO de Syracuse.

Il y a à la maison de votre Maître, une grosse dondon, qui, aujourd'hui à dîner, m'a *encuisiné*, en me prenant pour vous. Ce sera désormais ma sœur, & non ma femme.

DROMIO d'Ephèse.

Il me semble, que vous êtes mon miroir, plutôt que mon frere. Je vois dans votre visage, que je suis un jeune égrillard d'un aimable minois — Voulez-vous entrer dans l'Abbaye & voir leur fête ?

DROMIO de Syracuse.

Ce n'est pas à moi, Monsieur, à passer le premier; vous êtes mon aîné.

DROMIO d'Ephèse.

Voilà la question : comment la résoudrons-nous ?

DROMIO de Syracuse.

Nous tirerons à la courte paille, pour la décider. Jusques-là, passez devant.

DROMIO d'Ephèse.

Allons, passons donc. Nous sommes entrés dans le monde comme deux freres : entrons ici de front & les mains entrelassées, & non pas l'un devant l'autre.

(*Ils sortent du Théâtre, & entrent dans l'Abbaye.*)

Fin du cinquième & dernier Acte.

COMÉDIE.

LES MÉPRISES, RETRANCHEMENS.
(*) ACTE III.

SCÈNE PREMIÈRE. (*Page 44. l. 12.*)

DROMIO *de Syracuse.*

Que ton maître retourne au lieu d'où il est venu, de peur qu'il ne prenne du froid aux pieds.

DROMIO *de Syracuse.*

Allons, Monsieur, je vous dirai quand je vous ouvrirai, après que vous m'aurez dit pourquoi?

ANTIPHOLIS.

Pourquoi? Hé, pour que je dîne. Je n'ai pas encore dîné aujourd'hui.

DROMIO *de Syracuse.*

Et vous ne dînerez pas ici aujourd'hui. Revenez une autre fois, quand vous pourrez y dîner.

DROMIO *d'Ephèse.* (*Page 45. l. 15.*

O Dieux! Il faut que je rie. — (*A Luce.*) A toi, ce proverbe: laisse-moi planter ici mon bâton.

LUCE.

A toi un autre: quand? peux-tu le dire, quand? (†)

―――――――――――――――――――――

(†) C'est-à-dire, la semaine des trois Jeudis.

DROMIO de Syracuse.

Si tu t'appelles Luce, Luce a fort bien répondu.

LUCE.

Je croyois avoir interrogé.

DROMIO de Syracuse.

Et tu as dit, non.

DROMIO d'Ephèse.

Allons, secondez-nous; bien frappé : voilà coup pour coup.

ANTIPHOLIS.

Carogne, veux-tu m'ouvrir ?

LUCE. (*Page 45, l. 18.*)

Et pour l'amour de qui, s'il vous plaît ?

DROMIO d'Ephèse.

Si vous vous retirez mécontent, ce coquin s'en sentira.

ANTIPHOLIS d'Ephèse. (*Page 47, l. 6.*)

Il y a quelque chose dans le vent, qui nous empêche d'entrer.

DROMIO d'Ephèse.

Vous pourriez dire cela, mon maître, si vos habits étoient plus légers : votre cuisine est chaude là-dedans ; & vous êtes ici exposé au froid. Il y auroit de quoi rendre un homme furieux, comme un chevreuil en rut, de se voir ici joué de la sorte.

ANTIPHOLIS d'Ephèse.

Allons, va me chercher quelques instrumens ; je veux briser la porte.

DROMIO de Syracuse.

Avisez-vous de rien briser ici ; & je vous briserai la cervelle, moi.

COMÉDIE.

DROMIO d'Ephèse.

On peut bien brifer des paroles avec vous, l'ami; les paroles ne font que du vent : oui, & vous les brifer en face : & vous ne pourrez pas dire que c'eft en arrière de vous.

DROMIO de Syracuse.

Il paroît que vous avez befoin de brifer. Allons, au Diable, poltron.

DROMIO d'Ephèse.

Cela eft trop fort. Honte fur toi-même! — Je t'en prie, laiffe-moi entrer.

DROMIO de Syracuse.

Oui, quand les oifeaux feront fans plumes, & les poiffons fans nageoires.

ANTIPHOLIS d'Ephèse.

Allons, je veux entrer de force. Va m'emprunter un lévier.

DROMIO d'Ephèse.

Un Lévier (¶) fans plumes ? n'eft-ce pas là ce que vous voulez mon maître ? Pour un poiffon fans nageoire, il y a un oifeau fans plumes. — Si un levier vient une fois à notre fecours, coquin, nous plumerons la Corneille enfemble.

(¶) A *Crow* fignifie une *Corneille* & un *Levier* ; d'où l'équivoque : cette pointe fe trouve auffi dans Plaute en pareille occafion. Les enfans de condition chez les Grecs & les Romains avoient ordinairement des oifeaux de différente efpèce pour leur amufement. Tyndare fait mention de cette coutume dans les *Captifs*, & dit que pour fa part il avoit

Tantùm upupam.

Upupa fignifie également un Vanneau, & une pioche, ou autre levier de fer. STEEVENS.

REMARQUES
DE M. ESCHEMBURG,
SUR LA COMÉDIE
DES MÉPRISES.

Il n'y a pas une Pièce de Shakespéare dont on puisse marquer avec plus de certitude la source où il en a puisé le sujet; tout Lecteur qui connoît Plaute, la devinera d'abord; ce sont les Ménechmes de ce Poëte Comique, dont on reconnoît ici le sujet principal & une foule de petits détails qui tiennent au nœud. Ce n'est cependant pas une preuve des connoissances classiques de Shakespéare. Il connoissoit la Pièce de Plaute, comme d'autres ouvrages de l'antiquité, par la simple traduction Angloise des Ménechmes de Plaute, par William Warnier, imprimée en 1595.

Dans *Hall & Holingshed*, il est fait mention d'une jolie Comédie de Plaute, qu'on dit avoir été jouée dès l'an 1520, devant le Roi & la Reine à *Gréenwich*. On l'a prise aussi pour les Ménechmes; & Riccoboni fait un grand compliment aux Anglois, d'avoir eu de si bonnes Pièces dès le commencement de leur Théâtre; mais, par malheur, *Cavendish* dans la vie de *Wolsey*, appelle cette Pièce un excellent intermède latin. Dans le même tems, ajoute Farmer, elle fut mife au Théâtre Allemand à Nuremberg, par le célèbre Cordonnier Jean Sachs. On trouve dans les Poéfies de Jean *Sachs*, (édit. de Nuremb. v. 1590, du 2ᵉ livre, part. 2, pag. 19.) une Comédie de Plaute à dix perfonnages, intitulée *Menechmo*, elle eft en cinq Actes. A la fin il y a la date 1548 : probablement Shakefpéare n'a fait ufage que de l'action principale.

Jean *Sachs* fit ufage de la traduction des Ménechmes par un certain Albert d'*Eyde*, que je trouve jointe à l'édition du livre de l'an 1550.

Shakefpéare a montré beaucoup d'art dans cette Comédie, c'eft un vrai modèle d'intrigue. Le fujet pèche par beaucoup d'invraifemblance ; mais c'eft le défaut qu'on trouve dans celle de Plaute, & combien n'eft-il pas aifé de fe faire illufion, & de fuppofer qu'un pareil évènement peut être vrai, & qu'il peut y avoir entre deux freres affez de reffemblance, pour pouvoir s'y méprendre. L'Hiftoire de la Phyfique attefte l'exiftence de ces fingularités. Il eft vrai que Shakefpéare pouffe plus loin cette fuppofition, en donnant aux deux freres jumeaux, deux valets qui fe reffemblent également ; mais nous lui pardonnons volontiers d'exiger de nous cet effort de crédulité & d'imagination, en voyant combien il fait en tirer de fcènes amufantes. Ajoutez que la fiction de cette Pièce, malgré toutes les intrigues qui y règnent, ne montre pas la moindre confufion, que tout y eft lié, tout s'y développe de la manière la plus heureufe, avantage affez rare dans les Pieces de cette efpèce, dont les Auteurs tombent fi aifément dans le défaut d'enfemble & de naturel.

Quiconque connoît l'Hiftoire du Théâtre, fait combien

de Poëtes Dramatiques de toutes les Nations, ont profité des idées principales de la Pièce de Plaute, sur lesquelles ils ont fondé des intrigues (§).

(§) On trouve dans les Lettres de Littérature de Schleswig, liv. I, pag. 293, les plus importantes situations qui ont été imitées des Ménechmes; on y cite aussi la *Calendra de Bibiena*, & un projet de l'ancien *Riccoboni*, *l'Imposteur malgré lui*, comme étant un sujet semblable. Il y a un Extrait de la premiere dans la Bibliothèque Théâtrale de Lessing.

Fin de la première Partie.

De l'Imprimerie de CLOUSIER, rue St-Jacques, 1782.

SHAKESPEARE.

TOME SEIZIEME.

PERSONNAGES
DU PROLOGUE.

UN LORD, *devant lequel on suppose que la Piéce est jouée.*

CRISTOPHE SLY, *Chaudronnier, ivre.*

L'HOTESSE *de la Taverne.*

UN PAGE.

DES COMÉDIENS.

DES CHASSEURS, *& autres Gens de la suite du* LORD.

PROLOGUE.

SCÈNE PREMIERE.

La Scène est devant un Cabaret à Bière, sur une Bruyère.

L'HOTESSE & SLY (†).

SLY.

JE vous peignerai votre chevelure, sur ma foi.

L'HOTESSE.

Une paire de menottes, coquin !

SLY.

Vous êtes une catin d'armée : apprenez que les *Sly* ne sont point des coquins : lisez plutôt les chro-

---

(†) Il y avoit un Guillaume Sly qui jouoit dans les Pièces de Shakespeare.

Tome XVI. Seconde Partie. A

niques : nous sommes venus en Angleterre avec Guillaume le conquérant. Ainsi, *Pocas Palabris* (†), & que le monde aille son train (§). *Sessa* !

L'HOTESSE.

Comment ! vous ne paierez pas les verres que vous avez cassés ?

SLY.

Non : pas un denier... — Va-t-en, Jeronimo (a). Va dans ton froid grabat, & réchauffe-toi.

(†) Sly, homme ignorant, estropie des mots de langues qu'il ne connoît pas, & les prononce tout de travers. *Pocas palabras*, phrase Espagnole, qui signifie *peu de mots*. Ces expressions se trouvoient fréquemment dans les Comédies du tems, & dans la bouche du peuple. C'est ainsi qu'il dit plus bas, *sessa*, au lieu de *cessa*, *soyez tranquille*.

(§) Phrase vulgaire & proverbiale.

(a) Il y avoit une vieille Pièce intitulée : *Hyeronimo* ou *la Tragédie Espagnole*, qui étoit alors en butte aux railleries des Poètes du temps. Il y a ici une allusion à un passage de cette Pièce. Hyeronimo se croyant offensé, s'adresse au Roi pour avoir justice ; mais les courtisans ne voulant pas qu'il s'explique, ni que le Roi l'entende, tâchent de l'empêcher d'obtenir audience.

PROLOGUE.

L'HOTESSE.

Je fais un bon moyen : je vais quérir le *Quartenier* (†).

SLY.

Le *tiers* ou le *quart*, peu m'importe ; je faurai bien lui répondre en forme ; je ne bougerai pas d'un pouce : jeuneffe, allons, qu'il vienne, & de la douceur.

(*Il s'endort dans fon ivreffe.*)

HYERONIMO.

Juftice, oh ! juftice à Hyeronimo.

UN COURTISAN.

Retirez-vous. Ne voyez-vous pas que le Roi eft en affaires ?

HYERONIMO.

Oh ! eft-il vrai ?

LE ROI.

Qui eft cet homme qui nous interrompt dans nos occupations ?

HYERONIMO.

Ce n'eft pas moi-Hyeronimo, prends garde à toi : va-t-en, va-t-en.

De même ici, Sly ne voulant pas être vexé par l'Hôteffe, lui dit : » ne m'interromps pas ; va-t-en », & l'appelle du nom de Hyeronimo.

THÉOBALD.

(†) Third-Borough, Officier qui a des fonctions analogues à

SCÈNE II.

On entend des cors. Paroît un LORD, *revenant de la chasse avec sa suite.*

LE LORD.

GARDE, je te recommande d'avoir bien soin de mes chiens. — Brachemerriman. Le pauvre animal : il a toutes les articulations enflées ! Accouple *Clowder* avec le braque à la profonde gueule. N'as-tu pas vu, comme *Silver* a bien fait son devoir, au coin de la haye, où il n'y avoit plus aucunes traces de la bête. Je ne voudrois pas, pour vingt guinées, perdre ce chien.

LE GARDE.

Belman le vaut bien, Milord : il a aboyé à l'aventure, lorsque tous les chiens étoient en défaut ; & deux fois aujourd'hui il a éventé la piste la plus insensible : croyez-moi, je le regarde comme votre meilleur chien.

---

celles de *Constable*. Sly joue ici sur le mot *quart*, initiale de *quartenier*.

PROLOGUE.

LE LORD.

Tu es un sot : si *Écho* étoit aussi vîte à la course, je croirois qu'il en vaut dix de ses pareils : mais, donne-leur bien à souper, & prends bien soin d'eux tous. Demain, je veux chasser encore.

LE GARDE.

J'en aurai bien soin, Milord.

LE LORD, *appercevant S L Y couché dans son chemin.*

Qu'est-ce cela ? Un homme mort, ou ivre ? Vois; respire-t-il ?

SECOND CHASSEUR.

Il respire, Milord; si l'aîle (†) ne le tenoit pas chaud, ce seroit-là un lit bien froid, pour y dormir si profondément.

LE LORD.

O monstrueuse bête ! comme le voilà étendu ! comme un vrai porc. O hideuse mort ! que ton image est horrible, & choquante ! — (*à ses gens*) Amis, je veux me divertir de cet ivrogne. — Qu'en pen-

_____

(†) Petite biere douce & sans houblon.

fez-vous ? Si on le tranfportoit dans un lit, qu'on l'enveloppât des étoffes les plus douces & les plus riches, avec des diamans à fes doigts, un banquet délicieux devant fon lit, & une belle & nombreufe livrée près de lui, le pauvre diable, à fon réveil, ne s'oublieroit-il pas lui-même ?

PREMIER GARDE.

Croyez-moi, Milord; il eft impoffible qu'il ne fe méconnoiffe pas.

SECOND GARDE.

Il fera bien furpris, quand il fe réveillera.

LE LORD.

Il fera précifément, comme s'il fortoit d'un fonge flatteur, ou d'une vaine illufion. — Allons, prenez-le, & arrangez bien les chofes : portez-le doucement dans mon plus bel appartement : fufpendez autour de lui tous mes tableaux les plus voluptueux : parfumez fa tête craffeufe d'eaux de fenteur, & brûlez des bois odorans, pour embaumer l'appartement : préparez-moi, pour le moment de fon réveil, une mufique qui l'enchante des accords les plus doux & les plus céleftes; & fi par hafard il parle, tenez-vous prêts, & avec le refpect le plus profond & le plus foumis, dites: *quels font les ordres de Monfeigneur?* Qu'un de vous lui préfente un baffin d'argent, rempli d'eau rofe, & de fleurs: qu'un autre apporte une aiguiere, un troifieme un linge damaffé, & dites: *votre Grandeur voudroit-elle fe laver les mains?* Que quelqu'un fe tienne prêt, tenant plufieurs riches habillemens, & lui demande quelle parure il préfere aujourd'hui. Qu'un autre lui parle de fes chiens & de fon cheval, & lui dife, que Milady eft très affligée de fa maladie. Perfuadez-lui qu'il a eu un accès de folie; & lorfqu'il voudra vous dire qu'il n'eft qu'un pauvre homme.... interrompez-le, en lui foutenant qu'il rêve, & qu'il n'eft rien moins qu'un puiffant Seigneur. Faites bien cela, mes amis, & jouez habilement votre rôle: ce fera le plus plaifant divertiffement du monde, fi l'on fait fe modérer & fe contenir.

PREMIER GARDE.

Milord, je vous réponds que nous nous acquitterons bien de notre rôle, & que tout fera fi bien ménagé, qu'il faudra qu'il fe croye réellement, ce que nous lui dirons qu'il eft.

LE LORD.

Soulevez-le doucement, & allez le mettre au

lit, & que chacun soit à son poste, lorsqu'il se réveillera. (*Quelques-uns de ses gens emportent* S L Y.) (*On entend une trompette.*) Toi, va voir quelle est cette trompette qu'on entend. Apparemment quelque Seigneur, qui, étant en voyage, se propose de séjourner dans notre Château. (*Un laquais sort.*)

(*Le laquais revient.*)

Eh bien ! qu'est-ce que c'est ?

LE LAQUAIS.

Sous le bon plaisir de Milord, ce sont des Comédiens qui offrent leurs services à votre (†) Grandeur.

LE LORD.

Dis-leur de s'approcher.

(†) Les Comédiens alors avoient coutume de voyager, & d'offrir leurs services dans les Châteaux.

JOHNSON.

SCÈNE

SCÈNE III.

Les mêmes.

Une troupe de COMÉDIENS.

LE LORD.

Allons, mes amis, soyez les bien venus.

UN COMÉDIEN.

Nous rendons grace à votre Grandeur.

LE LORD.

Vous proposez-vous de rester avec moi ce soir ?

SECOND COMÉDIEN.

Oui, s'il plaît à votre Grandeur d'agréer nos services.

LE LORD.

De tout mon cœur. (*considérant un de la Troupe*) Je crois me rappeller cet Acteur, & l'avoir vu une fois faire le fils ainé d'un Fermier. (*lui adressant la parole*) C'étoit dans une Pièce où vous faisiez si bien votre cour à une demoiselle ... J'ai oublié votre nom.... mais, certainement, ce rôle fut bien joué, & avec bien du naturel.

SINCLO, *montrant un de ses camarades.*

Je crois que c'est Soto (†) que votre Grandeur désigne-là.

LE LORD.

Précisément; c'étoit lui-même. (*à Soto*) Oh! vous avez parfaitement joué. — Allons, vous êtes venus ici dans un heureux moment; d'autant plus à propos, que j'ai en tête certain divertissement, où vos talens me seront d'un grand secours. Il y a ici un Lord qui veut vous voir jouer ce soir; mais je suis inquiet de votre modération & de votre contenance; je crains, qu'en venant à remarquer son bisarre maintien, vous ne vous échappiez à rire aux éclats, & que vous ne l'offensiez; car je vous déclare, que s'il vous arrive de rire, il se mettra en colere.

UN COMÉDIEN.

N'ayez aucune crainte, Milord; nous savons nous

―――――――――――

(†) *Soto* est le nom du fils d'un Fermier dans les *Femmes contentes* de Beaumont & Fletcher.

PROLOGUE.

contenir; fût-il le personnage le plus grotesque &
le plus risible du monde (†).

LE LORD, *à un de ses gens.*

Conduis-les dans l'office, & aye soin que chacun
d'eux soit bien traité; qu'ils ne manquent de rien
de ce qu'il y a dans mon Château. (*Un domestique
sort avec un des Comédiens.*) Toi, va trouver mon Page
Barthelemi, & fais-le habiller en Lady des pieds à la
tête: cela fait, conduis-le à la chambre où est l'ivrogne,
& appelle-le *Madame* avec un grand respect. Dis-lui
de ma part, que, s'il veut gagner mes bonnes graces,
il prenne l'air & le maintien noble & décent qu'il
a vu observer par les nobles Ladys envers leurs

(†) M. Pope a ici, de son autorité privée, inséré deux couplets, qui ne se trouvent point dans Shakespeare. Les voici:

UN COMÉDIEN, *à l'autre.*

Va: apporte-nous un torchon pour nettoyer nos souliers, &
moi, je demanderai les ustensiles qui nous sont nécessaires pour
la Pièce.

(*Il sort.*)

Milord, nous avons besoin d'une épaule de mouton, & d'un
peu de vinaigre, pour faire rugir notre Diable. (*Voyez la note
premiere de la fin de Richard III.*)

PROLOGUE.

Lords; qu'il se comporte de même envers l'ivrogne, avec un doux accent de voix, & une humble politesse, & qu'il lui dise : « qu'ordonne votre Sei- » gneurie ? En quoi votre Lady, votre docile épouse » peut-elle vous montrer son zele respectueux, & » manifester son amour » ? Et qu'alors, le serrant dans ses bras, le baisant amoureusement, & reposant sa tête abandonnée sur son sein, il verse des pleurs comme dans un transport de joie, de voir son noble Lord rendu à la santé, après que, pendant quinze ans entiers, il s'est cru n'être qu'un pauvre & vil mendiant. Et si mon Page n'a pas le don des femmes pour répandre à flots des larmes de commande, le suc d'un oignon (†) en fera l'affaire; qu'il en tienne un enveloppé dans son mouchoir; il faudra bien que les pleurs coulent de ses yeux. Vois à arranger cela avec tout le soin dont tu es capable: dans un moment, je te donnerai encore d'autres instructions. (*Le domestique sort.*) Je sai que le jeune drôle se donnera à merveille les graces,

---

(†) Il est probable que l'oignon étoit un expédient employé par les Acteurs dans les intermedes & les farces.

JOHNSON.

le ton, la démarche, & le maintien d'une dame de qualité ; il me tarde de l'entendre appeller l'ivrogne *son époux*, & de voir comment feront mes gens pour s'empêcher de rire, lorsqu'ils rendront leurs hommages à ce manant. Je vais entrer pour leur faire la leçon ; peut-être que ma personne pourra leur imposer, & tenir leur joie en respect ; autrement, elle éclateroit à ne pas finir.

(*Il sort.*)

SCÈNE IV.

SLY *paroît entouré d'une nombreuse livrée, les uns richement vêtus, d'autres tenant un bassin, une aiguiere, & autres ustensiles.*

LE LORD *reparoît aussi.*

SLY.

Au nom de Dieu, un pot de petite bière !

UN DES GENS.

Plairoit-il à votre Seigneurie de boire un verre de vin de liqueur ?

UN AUTRE.

Votre Grandeur voudroit-elle goûter de ces confitures?

UN TROISIEME.

Quelle parure votre Grandeur veut-elle mettre aujourd'hui?

SLY.

Je suis Chriſtophe Sly : ne m'appellez ni *votre Grandeur*, ni *Monſeigneur* : je n'ai jamais bu de vins étrangers de ma vie ; & ſi vous voulez me donner des confitures, donnez-moi des confitures de bœuf. Ne me demandez jamais quel habit je veux mettre : je n'ai qu'un habit, comme je n'ai qu'un dos ; je n'ai pas plus de bas que de jambes, pas plus de ſouliers que de pieds, & ſouvent même, plus de pieds que de ſouliers ; encore mes orteils montrent-ils ſouvent leur nez au travers de la ſemelle.

LE LORD.

Le ciel veuille guérir votre Seigneurie de ces folles & biſarres idées ! Oh ! c'eſt une choſe déplorable, qu'un homme de votre rang, de votre naiſſance, poſſeſſeur de ſi riches domaines, & jouiſſant d'une si haute considération, soit imbu d'idées & de sentimens si ignobles & si bas.

SLY.

Quoi ! voudriez-vous me faire extravaguer ? Ne suis-je pas Christophe Sly, le fils du vieux Sly de Barton-Heath, porte-balle de naissance, élevé dans le métier de cartier, par métamorphose meneur d'ours ; & dans ma profession actuelle, chaudronier ? Demandez à Marie Hachette, cette grosse cabaretiere de Wincot (†), si elle ne me connoît pas bien : si elle dit que je ne suis pas marqué à la craie sur son compte, pour quatorze sols de petite bière, tenez-moi pour le plus fieffé menteur de la chretienté. Quoi ! je ne suis pas dans la fièvre chaude. Voici....

PREMIER SERVITEUR.

Oh ! voilà ce qui fait gémir sans cesse votre Lady.

SECOND SERVITEUR.

Voilà ce qui fait sécher vos gens de chagrin.

(†) Wincotte est un village dans le Comté de Warwick, près de Strafford, & bien connu de Shakespeare. La maison occupée par notre Hôtesse subsiste encore ; mais c'est à présent un moulin. WARTON.

LE LORD.

Voilà ce qui est cause que vos parens fuient votre Château ; ils en ont été chassés par les égaremens étranges de votre folie. Allons, noble Lord, souvenez-vous de votre naissance ; rappellez dans votre ame vos anciens sentimens, que vous avez bannis, & bannissez-en ces viles chimères, ces rêves déshonorans. Voyez comme vos gens s'empressent autour de vous ; chacun dans son office est prêt à vous obéir au premier signal. Souhaitez-vous de la musique ? Prêtez l'oreille : c'est Apollon lui-même qui touche la lyre. (*on entend de la musique*) Et vingt rossignols qui, dans leurs cages, chantent avec une douce mélodie. — Voulez-vous reposer ? Nous vous porterons dans une couche d'un duvet plus mol & plus doux, que le lit voluptueux qui fut dressé exprès pour Sémiramis. — Ou bien, voulez-vous monter à cheval ? On va apprêter vos chevaux, & les couvrir de leurs harnois tout parsemés d'or & de perles. — Aimeriez-vous mieux la chasse à l'oiseau ? Vous avez des faucons, dont le vol s'éleve bien au-dessus de l'alouette matineuse. — Ou bien, voulez-vous chasser à la bête ? Vos chiens feront retentir de leurs abois

la

PROLOGUE.

la voûte des cieux, & répondre la voix grêle des échos du sein des profondeurs de la terre.

PREMIER SERVITEUR.

Dites seulement, que vous voulez faire une chasse aux chiens courans. Vos levriers sont aussi légers qu'un cerf en haleine; oui, ils devanceront le chevreuil.

SECOND SERVITEUR.

Aimez-vous les Tableaux? Nous allons sur le champ vous apporter un Adonis couché près d'un ruisseau qui coule; Vénus cachée dans les roseaux, & dont le sein s'éleve & s'abaisse en ondes voluptueuses, au mouvement des roseaux mollement bercés par le zéphyr.

LE LORD.

Nous vous présenterons Io, Vierge & à la fleur de l'âge, & comment elle fut séduite & surprise, dans un Tableau d'une peinture aussi vivante, que l'action même.

TROISIEME SERVITEUR.

Ou Daphné, errante au travers d'un bois de buissons épineux, & ses jambes délicates qui se déchirent; on jureroit voir le sang couler, & le triste Apollon pleurant à cette vue, tant le sang & les pleurs sont peints avec naturel & vérité !

LE LORD.

Vous êtes un Lord ; oui, un Lord : vous avez une Lady plus belle qu'aucune femme de ce siècle dégénéré.

PREMIER SERVITEUR.

Avant que les larmes, qu'elle a versées pour vous par torrens, eussent coulé sur son visage, & altéré ses traits, c'étoit la plus belle créature de l'univers ; & même encore, elle ne le cède en beauté à aucune de son sexe.

SLY, *qui les a tous écoutés la bouche béante de surprise & d'étonnement.*

Suis-je un Lord ? Est-il vrai que je possède une si belle Lady ? ou bien, est-ce un rêve que je fais ? ou, ai-je rêvé jusqu'à ce jour ? Je ne dors pas ; je vois, j'entends, je parle ; je sens ces suaves odeurs, & mes mains sont sensibles à la douceur de ce toucher. — Sur ma vie, je suis un Lord en effet, & non pas un chaudronnier, ni Christophe Sly. — Allons, amenez-moi notre Lady, que je la voye ; & encore un coup, un pot de petite bière.

SECOND SERVITEUR.

Plairoit-il à votre Grandeur de laver ses mains ? Oh ! que nous sommes joyeux de voir votre raison revenue ! Oh ! si vous vouliez reconnoître encore une fois seulement ce que vous êtes ! Il y a quinze années que vous êtes plongé dans un songe continuel ; ou, quand vous vous éveilliez, votre veille ressembloit à votre sommeil.

SLY.

Quinze années ! Par ma foi, c'est-là une bonne méridienne. Mais, est-ce que je n'ai jamais parlé pendant tout ce temps ?

PREMIER SERVITEUR.

Oui, Milord ; mais des mots vagues & sans sens : car, quoique vous fussiez couché ici dans ce bel appartement, vous disiez toujours qu'on vous avoit mis à la porte, & vous querelliez avec l'Hôtesse du logis ; & vous disiez que vous la citeriez à la Cour de justice, parce qu'elle vous avoit apporté des cruches de grès, au lieu de bouteilles bouchées. Quelquefois vous appelliez Cécile Hachette.

SLY.

Oui, la servante de la Cabaretiere.

PROLOGUE.

TROISIEME SERVITEUR.

Allons donc, Milord; vous ne connoissez aucun cabaret, ni pareille fille, ni tous ces hommes que vous nommiez, — comme Etienne Sly, & le vieux Jean Naps de Grèce (§), & Pierre Turf, & Henri Pimprenel, & vingt autres noms de cette sorte qui n'existèrent jamais, & que jamais on n'a vus.

SLY.

Allons, que Dieu soit loué de mon heureux rétablissement !

TOUS.

Ainsi soit-il !

SLY, *à un des serviteurs.*

Je t'en remercie : va, tu n'y perdras rien.

(§) C. A. D. de graisse, parce qu'il étoit fort gras : calembourg, genre de mauvaise plaisanterie, qui devoit plaire il y a deux cens ans, puisqu'il a fait fortune dans notre siècle.

PROLOGUE.

SCÈNE V.

Les mêmes.

Paroît LE PAGE, *déguisé en Lady, suivie de ses femmes.*

LA LADY.

Comment se trouve aujourd'hui mon noble Lord?

SLY.

Ma foi, je me porte à merveille; car voilà assez de bonne chère. Où est ma femme?

LADY.

Me voici, noble Lord; que désirez-vous d'elle?

SLY.

Vous êtes ma femme, & vous ne m'appellez pas.... votre mari? Mes gens ont beau m'appeller *Milord*; je suis votre bonhomme.

LADY.

Mon Mari & mon Lord, mon Lord & mon

Mari ; je suis votre épouse, prête à vous obéir en tout.

SLY.

Je le sai bien. — (*à un de ses gens*) Comment faut-il que je l'appelle ?

LE LORD.

Madame.

SLY.

Lison Madame, ou Jeanne Madame ?

LE LORD.

Madame, tout court ; c'est le nom que les Lords donnent à leurs Ladys.

SLY.

Madame ma femme, ils disent que j'ai rêvé & dormi plus de quinze ans entiers.

LADY.

Hélas ! oui, & ce temps m'a paru trente années à moi, ayant été seule & séparée de votre lit pendant tout ce temps.

SLY.

C'est beaucoup. — Mes gens, laissez-moi seul avec elle. — Madame, déshabillez-vous, & venez tout-à-l'heure vous coucher auprès de moi.

LADY.

Très-noble Lord, souffrez que je vous supplie de m'excuser encore pour une ou deux nuits, ou du moins jusqu'à ce que le soleil soit couché. Vos Médecins m'ont expressément recommandé de m'absenter encore de votre lit, si je ne veux m'exposer au danger de vous faire retomber dans votre maladie : j'espere que cette raison me servira d'excuse auprès de vous.

SLY.

Allons, dans l'état où je suis, il me sera difficile d'attendre si long-tems ; mais d'un autre côté, je ne voudrois pas retomber dans mes premiers rêves : ainsi, j'attendrai donc, en dépit de la chair & du sang.

PROLOGUE.

SCÈNE VI.

Les mêmes.

UN MESSAGER.

LE MESSAGER, *à Sly*.

Les Comédiens de votre Grandeur ayant été informés de votre rétablissement, sont venus pour vous régaler d'une fort jolie Comédie : car, nos Docteurs sont d'avis que ce divertissement est très-bon à votre santé, voyant que c'étoit un amas de mélancolie qui avoit épaissi votre sang ; & la mélancolie est mere de la frénésie : ainsi, ils ont approuvé que vous assistiez à la représentation d'une pièce, & que vous accoutumiez votre ame à la gaîté & au plaisir ; remede qui prévient mille maux, & prolonge la vie.

SLY

Vraiment, je le veux bien : qu'ils jouent la Pièce. N'est-ce pas une certaine *Coumédie* (†), les Gambades de Noël, ou une Pièce de caprioles & de tours de force ?

___

(†) Le mot original est *Commonty*, estropié de *Comédy*.

LADY.

PROLOGUE.

LADY.

Non, mon cher Lord; elle est d'une étoffe plus noble & plus amusante.

SLY.

Quoi! d'une étoffe de ménage?

LADY.

C'est une espece d'histoire.

SLY.

Allons, nous la verrons. Venez, Madame ma femme, asseyez-vous à mes côtés, & laissez rouler le monde: nous ne serons jamais plus jeunes.

Fin du Prologue.

LA MÉCHANTE FEMME
MISE
A LA RAISON,
COMÉDIE.

PERSONNAGES
DE LA PIÈCE REPRÉSENTÉE.

BAPTISTA, pere de CATHERINE & de BIANCA, notable & riche bourgeois.

VINCENTIO, riche vieillard, citoyen de Pise.

LUCENTIO, fils de VINCENTIO, amoureux de BIANCA.

PETRUCHIO, Gentilhomme de Vérone, qui fait sa cour à CATHERINE.

DREMIO (†), } prétendans à la main de BIANCA.
HORTENSIO,

TRANIO, } Domestiques de LUCENTIO.
BIONDELLO,

GRUMIO, Domestique de PETRUCHIO.

UN PÉDANT, ou MAÎTRE DE LANGUE, vieillard déguisé pour contrefaire VINCENTIO.

CATHERINE, fille aînée de BAPTISTA, & d'un caractère acariâtre & intraitable.

BIANCA, sa sœur.

UNE VEUVE.

UN TAILLEUR, UN CHAPELIER, &c. DOMESTIQUES DE BAPTISTA & de PETRUCHIO.

La Scène est tantôt à Padoue, tantôt à la Campagne, dans la Maison de PETRUCHIO.

───────

(†) Le nom de ce personnage est *Gremio* ; je l'ai changé en *Dremio*, pour éviter qu'on le confonde avec *Grumio*.

LA MÉCHANTE FEMME
MISE
A LA RAISON,
COMÉDIE.

ACTE PREMIER.

SCÈNE PREMIERE.

La Scène se passe dans une rue de Padoue.

Fanfare. LUCENTIO *paroît avec* TRANIO, *Domestique de confiance instruit, & au-dessus de son état.*

LUCENTIO.

TRANIO, conduit par le violent desir que j'avois de voir la superbe Padoue, cette nourrice des Arts, me voici arrivé dans la Lombardie, cette fertile contrée, le riant jardin de l'Italie; j'y viens muni de la permission d'un pere qui m'aime, & du plein consentement de sa complaisance à mes penchans ; je jouis de l'avantage de ta fidèle compagnie, toi, digne & loyal serviteur, dont l'honnêteté est éprouvée en tout : respirons donc ici, & commençons heureusement un Cours de sciences & d'études littéraires. Pise, renommée par ses riches & illustres citoyens, m'a donné la naissance : Vincentio mon pere, Négociant, qui faisoit un grand commerce dans le monde, tu le sais, descend des Bentivolio. Il convient que le fils de Vincentio, élevé à Florence, pour remplir toutes les espérances qu'on a conçues de lui, orne sa fortune de connoissances & de vertus. Ainsi, Tranio, pendant le temps que je consacrerai aux études, je veux m'appliquer à la recherche de la vertu, & de cette partie de la philosophie qui traite du bonheur que la vertu donne. Déclare-moi ta pensée; car j'ai quitté Pise, & je suis venu à Padoue comme un homme altéré qui quitte une légere surface d'eau, pour courir à un fleuve s'y plonger, & éteindre sa soif dans ses flots.

TRANIO.

Daignez m'écouter, mon aimable maître; je partage vos sentimens en tout; je suis ravi de vous voir persévérer dans votre résolution, de vous abreuver des douceurs de la divine philosophie. Seulement, mon cher maître, tandis que nous admirons la vertu & cette étude de la sublime morale, ne devenons pas des stoïques, ni des marbres insensibles, je vous en prie ; ne soyons pas si dévoués aux durs préceptes d'Aristote, que l'aimable Ovide soit entierement abjuré & proscrit. Parlez logique avec les connoissances que vous avez, & pratiquez la rhétorique dans vos conversations journalières ; usez de la musique & de la poésie pour ranimer vos esprits, livrez-vous aux mathématiques & à la métaphysique ; selon que vous vous sentirez de l'ardeur & du goût pour elles ; il n'y a point de fruit dans l'étude où il n'y a point de plaisir : en un mot, mon maître, suivez le genre d'étude qui vous plaira davantage.

LUCENTIO.

Je te remercie, Tranio ; ton conseil est fort sage. — Ah ! Biondello, si tu étois arrivé sur ce rivage, nous pourrions faire ensemble nos préparatifs, & prendre un logement propre à recevoir les amis que le tems nous procurera dans Pise. — Mais, un moment : quelle est cette compagnie ?

TRANIO.

Mon maître, c'est sans doute quelque cérémonie pour nous recevoir dans la ville.

SCÈNE II.

BAPTISTA, *avec* CATHERINE & BIANCA, DREMIO & HORTENSIO.

Lucentio & Tranio se tiennent à l'écart.

BAPTISTA.

Tenez, Messieurs; ne m'importunez pas davantage : vous savez combien ma résolution est ferme & invariable : c'est de ne point donner ma cadette, avant que j'aie trouvé un mari pour l'aînée. Si l'un de vous deux aime Catherine, comme je vous connois bien, & que j'ai de l'amitié pour vous, je vous donne la liberté de la courtiser à votre gré.

DREMIO.

La courtiser (§) ! elle ! Plutôt... elle est trop rude pour moi. Hé bien ! Hortensio, voulez-vous une femme?

(§) Jeu de mots entre *court*, courtiser & *cart*, voiturer dans le tombereau.

CATHERINE.

COMÉDIE.

CATHERINE, *à son pere.*

Je vous prie, mon pere; est-ce votre **volonté de** me jetter à la tête de ces épouseurs?

HORTENSIO.

Épouseurs, ma belle? Comment l'entendez-vous? Oh! point d'épouseurs pour vous, à moins que vous ne deveniez d'une trempe plus aimable & plus douce.

CATHERINE.

En vérité, Monsieur, vous n'avez que faire de craindre: je sais bien qu'on n'est pas encore à mi-chemin du cœur de Catherine. Mais, si l'on en étoit-là, son premier soin seroit de vous peigner la tête avec un banc à trois pieds, & de vous colorer la face de façon à vous travestir en fou.

HORTENSIO.

Grand Dieu! préserve-nous de pareilles Diablesses.

DREMIO.

Et moi aussi, Dieu bienfaisant!

TRANIO, *à l'écart.*

Ne disons pas le mot, mon maître: voici une scène propre à nous divertir. Cette fille est une vraie folle, ou incroyablement revêche.

LUCENTIO.

Mais je vois dans le silence de l'autre toute la réserve d'une jeune & douce beauté. Taisons-nous, Tranio.

TRANIO.

Bien dit, mon maître; silence, & regardez de tous vos yeux.

BAPTISTA.

Messieurs, pour commencer à exécuter la parole que je vous ai donnée.... Bianca, rentre dans la maison, & que cela ne te fâche pas, Bianca; car je ne t'en aime pas moins, ma mignone.

CATHERINE.

Vraiment un joli petit mot de tendresse! — Vous feriez bien mieux de lui enfoncer le doigt dans l'œil; elle sauroit pourquoi.

BIANCA.

Ma sœur, contentez-vous de la peine qu'on me fait. — (*à son pere*) Mon pere, je souscris humblement à votre volonté: mes livres & mes instrumens feront ma compagnie; je les étudierai, & m'exercerai seule avec eux.

COMÉDIE. 35

LUCENTIO, à part.

Écoute, Tranio : c'est Minerve elle-même qui parle.

HORTENSIO.

Seigneur Baptista, voulez-vous donc être si bifarre? Je fuis bien fâché que l'honnêteté de nos intentions foit une occafion de chagrin pour Bianca.

DREMIO.

Comment? Voulez-vous donc la tenir en charte pour l'amour de cette furie d'enfer, & la punir de la méchante langue de fa fœur?

BAPTISTA.

Meffieurs, arrangez-vous; ma réfolution eft prife. — Rentrez, Bianca. (*Bianca fort*) Et comme je fai qu'elle prend beaucoup de plaifir à la mufique, aux inftrumens, & à la poéfie, je veux faire venir chez moi des Maîtres en état d'inftruire fa jeuneffe. — Si vous, Hortenfio, ou vous, Seigneur Dremio, en connoiffez quelqu'un, amenez-les moi; car, j'accueillerai toujours bien les hommes à talent, & je ne veux rien épargner pour donner une bonne éducation à mes enfans. Adieu. — Catherine, vous pouvez refter; j'ai à converfer avec Bianca. (*Il fort*)

CATHERINE.

Comment ? mais, je crois que je peux m'en aller aussi : ne le puis-je pas à mon gré ? Quoi ! on me fixera des heures ? Comme si, vraiment, je ne savois pas bien moi-même ce qu'il convient de prendre, ou de laisser. Ha ?

(Elle sort.)

SCÈNE III.

Les autres Personnages qui sont restés.

DREMIO, *à Catherine qui sort.*

Tu peux aller rejoindre l'épouse de Satan : personne ici ne veut de tes dons, tant ils sont bons ! —— Notre amour n'est pas si chaud, Hortensio, que nous ne puissions géler ensemble, & mourir de faim avec lui. Nous sommes encore bien loin du dénouement, & il passera bien de l'eau sous les ponts au-paravant. Adieu. Cependant, pour l'amour que je porte à ma douce Bianca, si je peux, par quelque moyen, rencontrer l'homme qui convient pour lui montrer les Arts, qui font fon plaifir; je le recommanderai à fon pere.

HORTENSIO.

Et moi auffi de mon côté, Seigneur Dremio. Mais un mot, je vous prie. Quoique la nature de notre querelle n'ait jamais fouffert les longs entretiens, apprenez aujourd'hui, fur bonne réflexion, que c'eft à nous, dans la vue de pouvoir encore trouver accès auprès de notre belle maitreffe, & d'être heureux rivaux dans notre amour pour Bianca, à donner tous nos foins à une chofe fur-tout....

DREMIO.

Qu'eft-ce que c'eft, je vous prie?

HORTENSIO.

Ce que c'eft? C'eft de trouver un mari à fa fœur aînée.

DREMIO.

Un mari? Un Démon plutôt.

HORTENSIO.

Je dis, moi, un mari.

DREMIO.

Et moi, je dis un Démon. Penfes-tu, Hortenfio,

que, malgré toute l'opulence de fon pere, il y ait un homme affez fou pour époufer l'enfer ?

HORTENSIO.

Tout beau, Dremio. Quoiqu'il foit au-deffus de votre patience & de la mienne d'endurer fes importunes clameurs, il eft, ami, dans le monde, de certains hommes, fi l'on pouvoit mettre la main deffus, qui la prendroient avec tous fes défauts, & beaucoup d'argent.

DREMIO.

Je ne fai qu'en dire ; mais j'aimerois mieux, moi, prendre fa dot fans elle, fous la condition que je ferois fouetté tous les matins à la grande croix du carrefour.

HORTENSIO.

Ma foi, comme vous dites ; il n'y a guères à choifir entre des pommes gâtées. — Mais, allons : puifque cet obftacle commun nous rend amis, notre amitié durera jufqu'au moment où, en trouvant un mari à la fille aînée de Baptifta, nous procurerons à fa jeune fœur la liberté d'en recevoir un ; & alors, libre à nous de recommencer la querelle. — Chère Bianca !
— Que l'homme ait fa deftinée. Celui qui eft le

plus vîte à la courſe, gagne la bague : qu'en dites-vous, Seigneur Dremio ?

DREMIO.

C'eſt une choſe convenue, & je voudrois lui avoir déja procuré le meilleur étalon de Padoue, pour venir entamer ſa propoſition, la faire réuſſir, l'épouſer, coucher avec elle, & en débarraſſer la maiſon. — Allons, ſortons. (*Ils ſortent.*)

SCÈNE V.

LUCENTIO & TRANIO.

TRANIO.

JE vous en prie, Monſieur, dites-moi une choſe. — Eſt-il poſſible, que l'amour prenne ſi fort en un inſtant (§) ?

___

(§) Ces coups de ſoudaine ſympathie ſont le ſujet de la plûpart des Romans; & c'eſt-là que la froide philoſophie des climats du Nord les relègue ordinairement : mais, ſi nous parcourons le grand Livre de la Nature, nous verrons que ces flammes ſubites ne ſont pas rares dans les contrées plus chaudes

LUCENTIO.

Oh! Tranio, jufqu'à ce que j'en euffe fait l'expérience, je ne l'avois cru ni poffible, ni vraifemblable: mais, vois! tandis que j'étois-là oifif à regarder, j'ai reffenti l'impreffion de l'amour, qui eft venu me tirer de cette indifférence; & maintenant j'en ferai l'aveu, dans l'ingénuité de mon cœur, à toi, mon intime confident, & qui m'es auffi cher que l'étoit Anne à fa fœur, la Reine de Carthage. Tranio, je brûle, je languis, je péris, Tranio, fi je ne viens pas à bout de poffèder cette jeune & modefte beauté. Confeille-moi, Tranio; car je fais que tu le peux: affifte-moi, Tranio; car je fais que tu le veux.

TRANIO.

Mon maître, il n'eft plus tems maintenant de vous faire des remontrances; les fermons n'arrachent pas du cœur la paffion qui s'en eft emparée: fi l'amour vous a pénétré de fon trait, il ne refte plus que ceci: rachetez-vous de l'efclavage au moindre prix poffible.

---

du Midi. L'air pur & enflammé de l'Italie communique aux efprits un mouvement plus vif, que notre phlegme naturel ne peut le concevoir.   MM. GRIFFITH.

LUCENTIO.

LUCENTIO.

Oh ! je t'en rends mille graces, ami ; pourfuis : ce que tu m'as déja dit, me fatisfait : le refte ne peut que me confoler ; car tes avis font fages.

TRANIO.

Mon maître, vous, qui avez fi long-tems confidéré la jeune cadette, vous n'avez peut-être pas remarqué le plus important de la chofe ?

LUCENTIO.

Oh ! très-bien ; j'ai vu la douce beauté dans fes traits : elle égale celle qui brilloit dans la fille d'Agénor (§), qui abaiffa fous fa main le tout-puiffant Jupiter, lorfque fes pieds immortels fouloient les fables de Crète.

TRANIO.

N'avez-vous vu que cela ? N'avez-vous pas remarqué comme fa fœur a commencé à s'emporter, comme elle a foulevé une fi violente tempête, que des oreilles humaines avoient bien de la peine à endurer fon vacarme ?

(§) Europe, enlevée par Jupiter fous la forme d'un taureau.

LUCENTIO.

Ah! Tranio, j'ai vu remuer ses lèvres de corail, & son haleine a parfumé l'air; tout ce que j'ai vu dans sa personne étoit divin, enchanteur.

TRANIO.

Allons, il est tems de le tirer de son extâse. — Je vous en prie, Monsieur, réveillez-vous; si vous aimez cette jeune fille, appliquez vos pensées & votre génie aux moyens d'en faire la conquête. Voici l'état des choses. — Sa sœur aînée est si maudite & si méchante, que, jusqu'à ce que son pere soit débarrassé d'elle, il faut, mon maître, que votre amour vive vierge & célibataire dans la retraite; & son pere l'a resserrée dans l'ombre de son appartement, afin qu'elle ne soit pas importunée de soupirans.

LUCENTIO.

Ah! Tranio, quel pere cruel! Mais, n'as-tu pas remarqué le soin qu'il prend pour lui procurer d'habiles Maîtres, en état de l'instruire?

TRANIO.

Oui, vraiment, Monsieur; & j'ai même bâti là-dessus....

LUCENTIO.

Oh! j'ai un plan aussi, Tranio.

TRANIO.

En vérité, mon maître, je jure par ma main que nos deux ſtratagêmes ſe reſſemblent, & ſe confondent en un ſeul.

LUCENTIO.

Dis-moi le tien, d'abord.

TRANIO.

Vous ſerez l'homme à talent, & vous vous chargerez d'inſtruire la jeune perſonne : voilà quel eſt votre plan?

LUCENTIO.

Oui. Cela peut-il ſe faire?

TRANIO.

Impoſſible : car, qui vous remplacera, & ſera ici dans Padoue le fils de Vincentio? Qui tiendra l'hôtel, fera ſon cours d'études, recevra ſes amis, viſitera ſes compatriotes, & leur donnera des fêtes?

LUCENTIO.

Bah! tranquiliſe-toi, tout cela eſt arrangé : nous n'avons encore paru dans aucune maiſon : perſonne ne peut nous reconnoître à nos phyſionomies, ni diſtinguer le maître & le valet. D'après cela, voici la suite : —Tu seras le maître, Tranio, à ma place ; tu tiendras la maison, en feras les honneurs, commanderas les domestiques, comme je serois moi-même ; moi, je serai quelqu'autre, un Florentin, un Napolitain, ou quelque jeune-homme de Pise peu notable. Le projet est éclos, & il s'exécutera. — Tranio, songe à te déshabiller ; prends mon manteau & mon chapeau de couleurs : quand Biondello viendra, il sera à ta suite ; mais je veux au-paravant lui faire la leçon, & enchaîner sa langue.

(*Ils échangent leurs habits.*)

TRANIO.

Vous auriez besoin de le faire. — Bref, mon maître, puisque c'est votre plaisir, & que je suis lié à vous obéir ; (car votre pere me l'a recommandé au moment du départ : *rends tous les services à mon fils* m'a-t-il dit ; quoique, à mon avis, il l'entendoit dans un autre sens) je veux bien être *Lucentio*, par la tendre amitié que j'ai pour Lucentio.

LUCENTIO.

Tranio, sois-le, parce que Lucentio t'aime, & laisse-moi faire le personnage d'un esclave, pour conquérir cette jeune beauté, dont la soudaine vue a blessé mes yeux, & mis mon cœur dans l'esclavage.

COMÉDIE.

SCÈNE V.

Les mêmes.

BIONDELLO.

LUCENTIO.

Voici notre homme. — Eh bien ! vagabond, où as-tu donc été ?

BIONDELLO.

Où j'ai été ?... Eh mais ! vous, où êtes-vous vous-même à préfent ? Mon maître, eft-ce que mon ami Tranio vous auroit volé vos habits ? ou fi c'eft vous qui lui avez pris les fiens ? ou, êtes-vous d'accord tous deux ? Je vous prie, parlez, qu'y a-t-il donc de nouveau ?

LUCENTIO.

Maraut, approche ici ; il n'eft pas tems de plaifanter : ainfi, fonge à te conformer aux circonftances. Votre camarade que voilà, Tranio, pour me fauver la vie, prend mon rôle & mes habits ; & moi, pour échapper au malheur, je mets les fiens : car, depuis que je suis abordé ici, j'ai, dans une querelle, tué un homme, & je crains d'être découvert : mets-toi à ses ordres & à sa suite, je te l'ordonne, & sers-le comme il convient, tandis que moi je vais m'évader de ce lieu, pour mettre ma vie en sûreté : vous m'entendez ?

BIONDELLO.

Oui, Monsieur ; pas le plus petit mot.

LUCENTIO.

Et pas un mot de Tranio dans votre bouche. Tranio est changé en Lucentio.

BIONDELLO.

Tant mieux pour lui ; je voudrois bien l'être aussi, moi.

TRANIO.

Et moi, foi de valet, je voudrois bien, pour former le second souhait, que Lucentio eût la jeune fille de Baptista. — Mais, Monsieur le drôle... pas pour moi, mais pour l'amour de votre maître, je vous avertis de vous conduire avec discrétion & prudence dans toute espece de compagnie ; quand je serai seul, je serai Tranio pour vous ; mais par-tout ailleurs, votre maître Lucentio.

LUCENTIO.

Tranio, allons-nous-en. — Il reste encore un point que je te charge, toi, d'exécuter: — C'est de te mettre sur les rangs au nombre des prétendans. — Si tu m'en demandes la raison…. il suffit…. Mes raisons son bonnes & convaincantes. (*Ils sortent*)

On se souvient que l'ivrogne Sly, entouré de ses gens, du Lord & de sa prétendue Lady, est d'un côté du Théâtre spectateur de la Comédie. — Sly sommeille & laisse tomber sa tête de tems en tems.

UN DE SES GENS.

Milord, vous vous assoupissez, vous n'écoutez pas la Pièce?

SLY.

Si, par Sainte-Anne, je l'écoute. Une bonne drôlerie, vraiment! Y en a-t-il encore à venir?

LE PAGE, ou sa LADY.

Milord, elle ne fait que commencer.

SLY.

C'est vraiment une excellente pièce d'ouvrage, Madame Lady; je voudrois être à la fin. (Quelque tems après il se rendort.)

SCÈNE VI.

La Scène est à Padoue, devant la Maison d'HORTENSIO.

PETRUCHIO, GRUMIO.

PETRUCHIO.

VÉRONE, je prends congé de toi pour quelque tems; je veux voir mes amis de Padoue: mais, avant tous, Hortensio, le plus cher & le plus fidele de mes amis. — Eh! je crois que voici sa maison. — Allons, Grumio, frappe ici, & dépêche-toi.

COMÉDIE.

SCÈNE VII.

Les mêmes.

HORTENSIO *vient au bruit.*

HORTENSIO.

Qui frappe-là ? — Ha ! notre vieux ami Grumio ! & mon cher Petruchio ! — Et dites-moi donc, mon cher ami, quel heureux vent vous a conduit de l'antique Vérone ici à Padoue ?

PETRUCHIO.

Le vent qui disperse les jeunes gens dans le monde, & les envoye tenter fortune hors de leur pays natal, où l'on n'acquiert que bien peu d'expérience. En peu de mots, Seigneur Hortensio, voici mon histoire. — Antonio, mon pere, est décédé, & je me suis hasardé à faire ce voyage pour me marier richement, & chercher mes avantages du mieux qu'il me sera possible ; j'ai des ducats dans ma bourse, des terres dans mon pays, & je suis venu comme cela voir le monde.

HORTENSIO.

Petruchio, te parlerai-je sans détour, & te souhaiterai-je une laide & méchante femme? Tu ne me remercierois guères de l'avis ; & cependant je te garantis qu'elle sera riche, & très-riche : mais, tu es trop mon ami, & je ne te la souhaiterai pas pour épouse.

PETRUCHIO.

Seigneur Hortensio, entre amis comme nous, il n'y a que deux mots. Ainsi, si tu connois une femme assez riche pour être l'épouse de Petruchio (comme la fortune est le refrein de ma chanson d'amour) fût-elle aussi laide que l'étoit l'amante de Florent (§), aussi vieille que la Sybille, & aussi acariâtre, aussi méchante que la Xantippe de Socrate, & pire encore, cela n'émeut, ni ne rebute mon goût, fût-elle aussi

___

(§) Florent est le nom d'un Chevalier qui s'étoit obligé à épouser une vieille sorciere, à condition qu'elle lui donneroit la solution d'une énigme dont sa vie dépendoit. Conte de Gower, dans son premier Livre *de Confessione amantis*.
STUVENS.

tempétueuse que la mer Adriatique en courroux. Je viens pour me marier richement à Padoue : si je me marie richement, je me trouverai marié heureusement à Padoue.

GRUMIO.

Vous le voyez, Monsieur; il vous dit sa pensée tout plattement : oui, donnez-lui de l'or assez, & mariez-le à une poupée, ou à un petit automate, à une petite figure d'aiguillette, ou bien à une vieille octogénaire à qui il ne reste pas une dent dans la bouche, eût-elle toutes les infirmités d'un haras entier, tout sera à merveille, si l'argent s'y trouve.

HORTENSIO.

Petruchio, puisque nous nous sommes avancés si loin, je veux poursuivre sérieusement l'idée que je t'avois jettée d'abord par pure plaisanterie. Je suis en état, Petruchio, de te procurer une femme assez bien pourvue de la fortune, jeune & belle, bien élevée, comme la fille la mieux née; tout son défaut, & c'est un assez grand défaut, c'est qu'elle est intolérablement méchante, acariâtre, bourrue, & à un point si terrible, que, ma fortune fût-elle bien plus délabrée qu'elle ne l'est, je ne voudrois pas l'épouser, moi, pour une mine d'or.

PETRUCHIO.

Ne parle pas, Hortensio : tu ne connois pas l'effet & la vertu de l'or. — Dis-moi le nom de son pere, & cela suffit; car je prétends l'attaquer, quand ses clameurs surmonteroient les éclats du tonnerre, lorsque les nuages crèvent en Automne.

HORTENSIO.

Son pere est Baptista Minola, honnête citoyen, des plus polis & des plus affables; & elle, son nom est Catherine Minola, fameuse dans Padoue pour la méchanceté de sa langue.

PETRUCHIO.

Oh! je connois son pere, quoique je ne la connoisse pas, elle; & il connut beaucoup feu mon pere. — Je ne dormirai pas, Hortensio, que je ne la voye; ainsi, permettez que j'en use assez librement avec vous, pour vous quitter brusquement dans cette premiere entrevue, si vous ne voulez pas m'accompagner jusqu'à sa demeure.

GRUMIO, à HORTENSIO.

Je vous en prie, Monsieur, laissez-le suivre son entreprise, tandis qu'il est en humeur. Sur ma parole, si elle le connoissoit aussi-bien que je le connois, elle jugeroit bientôt que le tranchant de sa langue n'auroit pas grande prise sur lui; elle pourra bien, peut-être, le traiter de coquin pire que vingt coquins, ou autres épithetes semblables. Eh bien! tout cela n'est rien; s'il s'y met une fois, il s'en mocquera avec ses petits tours de fripon. Voulez-vous que je vous dise, Monsieur : pour peu qu'elle lui résiste, il lui jettera une borne (§) sur la face, & vous la défigurera si bien, qu'elle n'aura pas plus d'yeux pour y voir clair, qu'un chat ébloui du grand jour; vous ne le connoissez pas, Monsieur.

HORTENSIO.

Attendez-moi, Petruchio; il faut que je vous accompagne; car mon trésor est enfermé sous la clef de Baptista; il tient entre ses mains le joyau de ma vie, sa fille cadette, la belle Bianca, & il la dérobe à mes regards, & aux poursuites de plusieurs autres aspirans, qui sont mes rivaux en amour. En supposant qu'il soit impossible (à cause des défauts que je vous ai exposés) que Catherine soit jamais épousée; Baptista s'est fait une loi, que jamais homme

---

(§) Il veut dire apparemment, *un moule de gant*, un soufflet.

n'auroit accès auprès de Bianca, que Catherine la diablesse n'eût trouvé un mari.

GRUMIO.

Catherine la diablesse! c'est, pour une jeune fille, le pire de tous les titres.

HORTENSIO.

Il faut maintenant que mon ami Petruchio me rende un service; c'est de me présenter déguisé sous la robe de la gravité au vieux Baptista, comme un Maître versé dans la musique, & en état de bien l'enseigner à Bianca, afin que, par cette ruse, je puisse au moins avoir la liberté & la commodité de lui faire ma cour, & de l'entretenir elle-même de ma tendresse, sans donner aucun ombrage.

COMÉDIE. 55

SCÉNE VIII.

Les mêmes, à l'écart.

DREMIO, & LUCENTIO *déguisé, avec des Livres sous son bras.*

GRUMIO, *appercevant les autres.*

CE ne sont pas-là des friponneries ? non ! — Voyez comme, pour attraper les vieillards, les jeunes gens s'entendent & se liguent ! Maître, Maître, regardez autour de vous ; qui passe-là, hem ?

HORTENSIO.

Silence, Grumio ; c'est mon rival. — Petruchio, tenons-nous un moment à l'écart.

GRUMIO.

Un joli jeune-homme, & un bel amoureux !

DREMIO *répondant à* LUCENTIO.

Oh ! très-bien : j'ai bien lu la note. — Ecoutez bien, Monsieur ; je les veux superbement reliés : tous livres d'amour, songez-y bien, & ne lui faites aucune autre lecture. Vous m'entendez? En outre, par-dessus les libéralités que lui fera le Seigneur Baptista, j'y ajouterai encore un présent. — Prenez aussi vos papiers, & qu'ils soient bien parfumés ; car celle à qui ils sont destinés, est plus douce que les parfums mêmes. — Que lui lirez-vous ?

LUCENTIO.

Quelque lecture que je lui fasse, je plaiderai votre cause comme pour mon patron, (soyez-en bien assuré) & avec autant de chaleur que si vous-même étiez à ma place ; oui, & peut-être avec des termes plus éloquens & plus persuasifs que vous, Monsieur, à moins que vous ne fussiez un savant.

DREMIO.

Oh! cette science! ce que c'est!

GRUMIO.

Oh! cet oison, quel imbécille c'est !

PETRUCHIO.

Paix, maraut.

HORTENSIO.

Grumio, mot! — (*les abordant*) Dieu vous garde, Seigneur Dremio.

DREMIO.

DREMIO.

Ha! charmé de vous rencontrer, Seigneur Hortensio. Savez-vous où je vais de ce pas? — Chez Baptista Minola! Je lui ai bien promis de lui chercher avec soin un Maître pour la belle Bianca, & le hasard a voulu que je tombe sur ce jeune-homme ; par sa science & ses manieres, il est ce qu'il faut à Bianca, très-instruit dans la poésie, & autres livres ; & des bons, je vous le garantis.

HORTENSIO.

C'est à merveille ; & moi, j'ai rencontré un honnête homme, qui m'a promis de m'en procurer un autre, un charmant Musicien, pour instruire notre maîtresse : ainsi, je ne demeurerai pas en reste dans ce que je dois à la belle Bianca, tant chérie de moi.

DREMIO.

Oui, chérie de moi : — Et cela, ma conduite le prouvera.

GRUMIO, *à part.*

Et cela, ses sacs le prouveront.

HORTENSIO.

Dremio, ce n'est pas ici le moment d'éventer notre amour. Écoutez-moi ; & si vous êtes honnête avec moi, je vous dirai des nouvelles assez bonnes pour tous deux. Voici un honnête homme que le hasard m'a fait rencontrer, qui, d'après la convention de notre part de le servir dans son inclination, entreprendra de courtiser la méchante Catherine. Oui, & même de l'épouser, si sa dot lui convient.

DREMIO.

Soit dit & fait ; c'est à merveille. — Hortensio, lui avez-vous révélé tous ses défauts ?

PETRUCHIO.

Je sai que c'est une méchante femme qui crie & tempête sans cesse : si c'est-là tout, Messieurs, je ne vois point de mal à cela.

DREMIO.

Non : dites-vous ainsi, ami ? — De quel pays est ce Cavalier ?

PETRUCHIO.

Je suis né à Vérone, le fils du vieillard Antonio ; mon pere étant mort, ma fortune commence à vivre pour moi, & j'espere voir de longs & heureux jours.

DREMIO.

Oh ! Monsieur, ce seroit une chose bien étrange

qu'une pareille vie, avec une pareille femme ! Mais si vous vous fentez ce courage, allons vîte à l'œuvre, au nom de Dieu ! Vous pouvez compter fur mon fecours en tout. Mais, férieufement, eft-ce que vous voulez faire votre cour à cette tygreffe ?

PETRUCHIO.

Veux-je vivre ?

GRUMIO, *à part.*

S'il veut lui faire fa cour ? oui, ou elle ira au diable.

PETRUCHIO.

Eh ! pourquoi fuis-je venu ici, fi ce n'eft dans cette réfolution ? Croyez-vous, que mes oreilles s'épouvantent de quelques cris, de quelque bruit ? N'ai-je pas entendu, dans ma vie, des lions rugir ? N'ai-je pas vu la mer battue des vents, courroucée comme un fanglier en fureur, écumant de fueur & de rage ? N'ai-je pas entendu ronfler une batterie de canons dans la plaine, & l'artillerie des Cieux tonner fous leur voûte ? N'ai-je pas, dans une bataille rangée, entendu les clameurs confufes, les courfiers henniffans, les trompettes éclatantes ? Et vous venez me parler de la langue d'une femme, qui ne peut jamais faire dans l'oreille le bruit & l'impreſſion d'une châtaigne qui pete dans le foyer de mon fermier ? Bah, bah : c'eſt aux enfans qu'il faut faire peur des fantômes !

GRUMIO, *à part.*

Oh ! il n'en craint aucun.

DREMIO.

Hortenſio, écoutez : cet honnête étranger eſt bien-heureuſement arrivé, à ce que me dit mon preſſentiment, pour ſon avantage & pour le nôtre.

HORTENSIO.

J'ai promis de l'aider de nos ſervices, & de porter une partie du fardeau de ſes avances, quelle qu'elle puiſſe être.

DREMIO.

Et j'y conſens auſſi, moi, bien volontiers, pourvu qu'il vienne à bout de l'obtenir.

GRUMIO, *à part.*

Je voudrois être auſſi ſûr d'un bon dîner.

COMÉDIE.

SCENE IX.

Les mêmes.

TRANIO *richement vêtu*, & BIONDELLO.

TRANIO.

Salut, Messieurs, si vous le permettez, dites-moi, je vous en conjure, quel est le chemin le plus court à la maison du Seigneur Baptista Minola?

GREMIO.

Est-ce celui qui a ces deux filles si belles? Est-ce lui que vous demandez?

TRANIO.

Lui-même. — Biondello.

DREMIO.

Écoutez-moi, Monsieur: vous ne demandez pas celle....

TRANIO.

Peut-être, lui & elle; que vous importe?

PETRUCHIO.

Non pas celle qui est si querelleuse, Monsieur, je vous en prie, en aucune façon.

TRANIO.

Je n'aime point les querelleurs, Monsieur-Biondello, marchons.

LUCENTIO, *à part.*

Fort bien débuté, Tranio.

HORTENSIO.

Monsieur, un mot avant vous quitter. — Étes-vous un prétendant à la fille dont vous parlez, oui ou non ?

TRANIO.

Et si cela étoit, Monsieur, vous en offenseriez-vous ?

DREMIO.

Non : pourvu que, sans une parole de plus, vous prissiez le large.

TRANIO.

Comment, Monsieur ! Est-ce que les rues ne sont pas ouvertes pour moi, comme pour vous ?

DREMIO.

Mais, non pas elle.

TRANIO.

Et pour quelle raison, je vous prie?

DREMIO.

Pour la raison, si vous voulez le savoir, qu'elle est le choix du cœur du Seigneur Dremio.

HORTENSIO.

Et parce qu'elle est celui du Seigneur Hortensio.

TRANIO.

Doucement, Messieurs. Si vous êtes d'honnêtes Cavaliers, faites-moi la grace de m'écouter avec patience. Baptista est un noble citoyen, à qui mon pere n'est pas tout-à-fait inconnu; & si sa fille étoit plus belle qu'elle n'est, elle pourroit avoir plusieurs Amans, & moi dans le nombre. La fille de la belle Léda eut mille soupirans : la charmante Bianca peut bien en avoir un de plus, & elle l'aura aussi. Lucentio se mettra sur les rangs, quand Pâris viendroit se présenter avec l'espoir d'être seul à faire sa cour.

DREMIO.

Quoi ! ce jeune-homme nous fermera la bouche à tous ?

LUCENTIO.

Monsieur, lâchez-lui la bride ; je sai qu'il n'ira pas bien loin.

PETRUCHIO.

Hortenfio, à quoi bon tant de paroles?

HORTENSIO, *à Tranio.*

Monfieur, permettez-moi de vous faire une queftion : avez-vous jamais vu la fille de Baptifta?

TRANIO.

Non, Monfieur; mais j'apprends qu'il a deux filles; l'une fameufe par fa méchante langue, autant que l'autre l'eft par fa modefte douceur & fa beauté.

PETRUCHIO.

Monfieur, Monfieur, la premiere eft pour moi; mettez-là de côté.

DREMIO.

Oui: laiffez cette tâche au grand Hercule; & ce fera plus que fes douze travaux.

PETRUCHIO.

Monfieur, écoutez, & comprenez bien ce que je vais vous dire. — La plus jeune fille, à laquelle vous prétendez, eft tenue par fon pere loin de tout accès aux demandes; & fon pere ne la promettra à perfonne, que fa fœur aînée ne foit mariée la premiere (§). Ce

---

(§) C'eft la méthode & le principe de plufieurs peres de famille, qui ne fongent guères au bonheur de leurs enfans, ou qui fe trompent bien fur les moyens. M. GRIFFITH.

ne sera qu'alors que la cadette sera libre, & non avant.

TRANIO, à PETRUCHIO.

Si cela est ainsi, Monsieur, & que vous soyez l'homme qui deviez nous servir tous, & moi comme les autres; si vous rompez la glace, & que vous veniez à bout de cet exploit, que vous fassiez la conquête de l'aînée, & que vous nous ouvriez l'accès auprès de la cadette; celui qui aura le bonheur de la posséder, ne sera pas assez mal né, pour être un ingrat.

HORTENSIO.

Monsieur, vous parlez à merveille, & vous avez bien compris. Puisque vous vous déclarez ici pour un des aspirans, vous devez, comme nous, servir ce Cavalier, à qui nous sommes tous redevables.

TRANIO.

Monsieur, je ne resterai point en arrière; & pour vous le prouver, voulez-vous que nous passions l'après-dînée ensemble, que nous vuidions à la ronde des rasades à la santé de notre maitresse, & que nous en agissions, comme d'honnêtes champions du barreau; combattant avec chaleur; mais après buvant & mangeant comme de bons amis.

GRUMIO.

O l'excellente *motion !* (†) Amis, partons.

HORTENSIO.

La motion est bonne en effet ; & soit fait. — Pétruchio, je serai votre *ben venuto* (§).

(*Ils sortent.*)

(†) Proposition au Parlement de Londres.

(§) Votre bienvenu.

Fin du premier Acte.

ACTE II.

SCÈNE PREMIERE.

La Scène représente la Maison de BAPTISTA
à Padoue.

CATHERINE & BIANCA.

BIANCA, *dont son aînée tient les mains de force.*

CHÈRE sœur, ne me faites pas l'injure, ne vous la faites pas à vous-même, de me réduire à l'état d'une vile servante, & de me maltraiter comme une esclave : cela révolte mon cœur. Mais pour ces vains ornemens, ces bagatelles de parure ; lâchez-moi les mains, & vous me verrez m'en dépouiller moi-même : oui, de tout mon ajustement, jusqu'à ma jupe ; en un mot, je ferai tout ce que vous me commanderez, tant je suis pénétrée du respect que je dois à mon aînée !

CATHERINE.

Je t'enjoins de me déclarer ici quel est celui, de tous tes galans, que tu aimes le mieux : songe bien à ne pas dissimuler la vérité.

BIANCA.

Croyez-moi, ma sœur; parmi tous les hommes qui respirent, je n'ai pas encore remarqué un visage qui me plaise plus que tout autre.

CATHERINE.

Mignone, vous mentez : n'est-ce pas Hortensio ?

BIANCA.

Si vous avez du goût pour lui, ma sœur, je jure ici que je parlerai moi-même pour vous, & ferai tous mes efforts pour vous le procurer.

CATHERINE.

Oh ! en ce cas, apparemment que vous préférez les richesses ? Vous voulez avoir Dremio, afin d'être belle & bien parée.

BIANCA.

Est-ce pour lui que vous êtes si jalouse de moi ? Allons : c'est une plaisanterie de votre part; & je commence à m'appercevoir, que vous n'avez fait que badiner jusqu'ici. Je vous en prie, ma petite fœur, laissez mes mains libres.

CATHERINE, *en colère, & la frappant*

Si tu prends ces coups pour un badinage, tu peux prendre de même tout le reste.

SCÈNE II.

Les mêmes.

BAPTISTA *survient, & voit l'aînée maltraitant sa cadette.*

BAPTISTA.

Quoi! quoi! Mademoiselle, d'où vous vient tant d'insolence? — Bianca, éloignez-vous. — La pauvre enfant! Elle pleure! — Va, ma fille, reprends ta broderie; n'aye jamais affaire avec elle. Fi, méchante fille, esprit diabolique, pourquoi maltraites-tu ta fœur, qui ne t'a jamais fait la moindre peine? Quand t'a-t-elle jamais seulement contredite ni chagrinée par le moindre mot de reproche?

CATHERINE.

Son silence m'insulte, & je m'en vengerai. (*Elle court encore après Bianca.*)

BAPTISTA.

Quoi! sous mes yeux? — Bianca, rentre dans ta chambre. (*Bianca sort.*)

CATHERINE.

Vous ne voulez donc pas me souffrir? Oh! je le vois bien, qu'elle est votre bijou; & qu'elle aura un mari, & que moi, il me faudra danser pieds nuds au jour de ses noces, & vieillir fille, à cause de la prédilection que vous avez pour elle. Tenez, ne me parlez pas; je vais aller me renfermer, & pleurer de rage, jusqu'à ce que je puisse trouver l'occasion de me venger. (*Catherine sort en courroux.*)

BAPTISTA.

Y eut-il jamais honnête homme aussi affligé que moi? — Mais, quelle est cette compagnie?

SCENE III.

BAPTISTA, DREMIO, LUCENTIO *assez mal vêtu*, PETRUCHIO *avec* HORTENSIO, *déguisé en Muficien*, TRANIO & BIONDELLO *portant des Livres & un Luth*.

DREMIO.

Bon jour, voifin Baptifta.

BAPTISTA.

Bon jour, voifin Dremio. — Salut, Meffieurs.

PETRUCHIO.

Salut, Monfieur; je vous prie, n'avez-vous pas une fille nommée Catherine, belle & vertueufe?

BAPTISTA.

J'ai une fille, Monfieur, qui fe nomme Catherine.

DREMIO, *à* PETRUCHIO.

Vous débutez trop brufquement; procédez par ordre.

PETRUCHIO.

Vous me faites injure, Seigneur Dremio; laissez-moi parler. (*à Baptista*) Je suis un citoyen de Vérone, Monsieur, qui, entendant vanter sa beauté, son esprit, son affabilité, sa pudeur & sa modestie, ses rares qualités enfin, & sur-tout la douceur de son caractère, ai pris la liberté de m'introduire sans façon dans votre maison, pour voir, par mes yeux, la vérité de l'éloge, que j'ai tant de fois entendu d'elle; & pour prélude à mon entrée chez vous, je vous présente (*montrant Hortensio*) un homme de ma connoissance, très-habile en Musique & dans les Mathématiques, capable d'instruire à fond votre fille dans les Sciences, dont je sai qu'elle a déja une teinture; acceptez-le, je vous prie, ou vous me feriez affront : son nom est Licio; il est de Mantoue.

BAPTISTA.

Vous êtes le bienvenu, Monsieur; & lui aussi, à votre considération : mais, pour ma fille Catherine; je sai bien une chose; c'est qu'elle n'est pas votre fait, ce dont bien me fâche.

PETRUCHIO.

Je vois, que vous ne voulez pas vous séparer d'elle,

d'elle, ou bien que je ne suis pas l'homme qui vous plaît.

BAPTISTA.

Ne vous méprenez pas, Monsieur; je parle comme je pense. — D'où êtes-vous, Monsieur : peut-on savoir votre nom ?

PETRUCHIO.

Je m'appelle Petruchio; je suis le fils d'Antonio, un homme bien connu dans toute l'Italie.

BAPTISTA.

Je le connois très-bien ; & à sa considération, vous pouvez compter sur mon accueil.

DREMIO.

Sans faire tort à votre récit, Petruchio, je vous prie, permettez-nous aussi de parler, à nous, qui avons des demandes à faire : allons, allons, Monsieur, vous prenez furieusement les devants.

PETRUCHIO.

Ah ! pardon, Seigneur Dremio; je serois bien aise d'achever.

DREMIO.

Je n'en doute pas, Monsieur; mais vous porterez malheur au succès de votre requête. — (*à Baptista*) Voisin, ce présent de Monsieur vous sera fort agréable, j'en suis sûr : pour vous montrer la même affection, moi, qui vous ai plus d'obligations qu'aucun autre, donnez accès à ce jeune savant, qui a étudié long-tems à Rheims ; (*lui présentant Lucentio*) il est aussi versé dans le Grec, le Latin & les autres Langues, que l'autre peut l'être dans la Musique & les Mathématiques ; il se nomme Cambio : je vous prie, agréez ses services.

BAPTISTA.

Mille remercîmens, Seigneur Dremio : vous êtes le bienvenu, Cambio. — (*à Tranio*) Mais vous, mon aimable Monsieur, vous m'avez l'air d'un étranger : pourrois-je savoir ce qui vous a fait venir dans notre ville ?

TRANIO.

Daignez m'excuser, Monsieur ; il y a peut-être de la présomption à moi, qui suis étranger dans cette ville, de me mettre sur les rangs des courtisans de votre fille, la belle & vertueuse Bianca ; & je n'ignore pas la ferme résolution que vous avez prise, de pourvoir sa sœur aînée la premiere. Toute la grace que je vous demande, c'est que, connoiſſant ma famille, vous daigniez me ſouffrir parmi les rivaux qui la recherchent, & me permettre l'accès & la faveur que vous accordez à tous les autres. Et pour l'éducation de vos filles, j'oſe vous offrir ici ce ſimple inſtrument, & cette petite collection de Livres Grecs & Latins (†) : ſi vous voulez bien les accepter, ils deviendront d'un grand prix.

BAPTISTA.

Lucentio eſt votre nom ? De quel pays, je vous prie ?

TRANIO.

De Piſe, Monſieur ; le fils de Vincentio.

BAPTISTA.

Un des plus confidérables de Piſe ! je le connois très-bien de renommée. Je ſuis enchanté de vous recevoir, Monſieur. (*à Hortenſio & Lucentio*) Prenez le luth, & vous, ce paquet de livres : vous

---

(†) Sous la Reine Eliſabeth, les jeunes perſonnes de qualité apprenoient les Langues ſavantes. Lady Jeanne Gray, ſes ſœurs, & la Reine Eliſabeth en font des preuves.

PEREY.

allez voir vos Eleves dans l'inſtant. (*il appelle*) Hola, quelqu'un ? (*Paroît un Domeſtique*) Conduiſez ces Meſſieurs à mes filles, & dites-leur à toutes deux que ce ſont leurs Maîtres : recommandez-leur d'avoir pour eux tous les égards. (*Le Domeſtique ſort conduiſant Hortenſio & Lucentio.*) Nous allons faire un tour de promenade dans le verger, & enſuite nous irons dîner.... Vous êtes les bienvenus.... de tout mon cœur... & je vous prie tous d'en être bien perſuadés.

PETRUCHIO.

Seigneur Baptiſta, mon affaire exige de la célérité, & je ne puis venir tous les jours faire ma cour. Vous avez bien connu mon pere ; & en lui vous me connoiſſez, moi ſon fils, qu'il a laiſſé ſeul héritier de toutes ſes terres & de tous ſes biens, que j'ai plutôt améliorés, que diminués ; ainſi, dites-moi : ſi je gagne l'amour de votre fille, quelle dot me donnerez-vous avec elle ?

BAPTISTA.

Après ma mort, la moitié de mes terres ; & en jouiſſance dès-à-préſent, vingt mille écus.

PETRUCHIO.

Et moi, en balance de cette dot, je lui aſſûrerai ſon douaire, dans le cas où elle me ſurvivroit, ſur toutes mes terres & rentes quelconques. Ainſi, dreſſons entre nous ces articles, afin qu'on rempliſſe des deux parts ſes engagemens.

BAPTISTA.

Oui, quand le point principal ſera obtenu; & c'eſt l'amour de ma fille : c'eſt-là l'important.

PETRUCHIO.

Bon! c'eſt la plus petite choſe du monde; car je vous annonce, mon beau-pere, que je ſuis auſſi ferme, auſſi décidé, qu'elle eſt fière & hautaine; & lorſque deux feux violens viennent à ſe rencontrer, ils conſument l'objet qui nourrit leur furie. Si une flamme légere s'accroît par le ſouffle d'un vent foible, les coups d'un ouragan furieux diſperſent & détruiſent l'incendie & ſon aliment : voilà ce que je ſuis pour elle, & il faudra bien qu'elle me cède; car je ſuis inflexible, & je ne fais pas ma cour comme un enfant.

BAPTISTA.

Puiſſiez-vous réuſſir auprès d'elle, & hâter cet

heureux succès ! Mais, songez à vous armer contre certaines paroles dures & fâcheuses.

PETRUCHIO.

Je suis aussi inébranlable, que les montagnes qui bravent l'effort des vents, & ne sont pas émues de leur souffle furieux & continuel.

SCÈNE IV.

Les mêmes.

HORTENSIO *reparoît avec une contusion sanglante à la tête.*

BAPTISTA.

Quoi donc, mon ami ? Pourquoi vous vois-je si pâle ?

HORTENSIO.

C'est de peur, je vous le promets, si je suis pâle.

BAPTISTA.

Eh bien ! ma fille deviendra-t-elle bonne Muficienne ?

HORTENSIO.

Je crois, qu'elle fera plutôt un bon foldat : le fer pourra réfifter avec elle, mais non pas les luths.

BAPTISTA.

Vous ne pouvez donc pas la brifer au luth ?

HORTENSIO.

Non : c'eft-elle qui a brifé le luth fur moi ; je n'ai fait que lui dire qu'elle fe méprenoit fur les touches, & prendre fa main pour lui montrer à placer fes doigts, lorfque dans un tranfport d'emportement diabolique. « Quoi ! s'eft-elle écriée, vous appellez cela les touches ? Oh ! je vais bien les trouver, moi, les touches » ; & à ces mots, elle m'a frappé à la tête, & a baigné l'inftrument de mon fang ; je fuis refté étourdi & confondu un moment, comme un homme attaché au pilori, les yeux ftupidement fixés fur le luth ; alors, elle s'eft mis à m'appeller, *mauvais racleur, qui m'écorche les oreilles*, avec cent autres épithètes injurieufes, comme fi elle eût pris à tâche de m'avilir & de me maltraiter.

PETRUCHIO.

Ma foi, par l'univers, c'est une robuste créature; je l'en aime dix fois mieux que je ne faisois. Oh! que j'aspire à avoir un petit pourparler avec elle!

BAPTISTA, à HORTENSIO.

Allons, venez avec moi, & sortez de cet abattement. Venez continuer vos leçons à ma cadette; elle a des dispositions pour apprendre, & elle est reconnoissante du bien qu'on lui fait. — Seigneur Petruchio, voulez-vous nous suivre? Ou vous enverrai-je ici ma fille Catherine vous parler?

PETRUCHIO.

Oui: envoyez-la-moi, je vous prie; je vais l'attendre ici.

(*Baptista sort avec Dremio, Hortensio & Tranio.*)

SCÈNE V.

PETRUCHIO, *seul.*

ET je vais lui faire ma cour sur un ton un peu énergique, quand elle viendra. Si elle m'injurie, je lui dirai tout simplement, que son chant est aussi doux, que la voix du rossignol. Si son front se courrouce, je lui dirai qu'il est aussi riant, aussi serein, que la rose du matin rafraîchie par la rosée nouvelle. Si elle affecte de rester muette, & s'obstine à ne pas ouvrir la bouche, je vanterai la volubilité de son éloquence persuasive. Me dit-elle de déloger de sa présence? Je lui rendrai mille graces, comme si elle me prioit de rester auprès d'elle pendant une semaine. Refuse-t-elle de m'épouser? Je la supplierai de fixer le jour où je ferai publier les bans, & celui de notre mariage. Mais la voici. Allons, Petruchio, ouvre la scène.

SCÈNE VI.

PETRUCHIO, CATHERINE.

PETRUCHIO.

Bon jour, Catin (†); car c'est votre nom, suivant ce que j'ai entendu dire.

CATHERINE.

Vous avez assez bien entendu; mais pourtant pas tout-à-fait juste : ceux qui parlent de moi, me nomment Catherine.

PETRUCHIO.

Vous en avez menti, sur ma parole ; car on vous appelle Catin tout court, la bonne Catin, & quelquefois aussi la méchante Catin : mais une Catin, qui est la plus jolie Catin de toute la Chretienté. Ainsi, Catin, apprenez ceci de moi, ma jolie, mon incomparable, ma chère Catin, qui fais ma consola-

---

(†) Diminutif de Catherine, qui, dans notre Langue, a aussi un autre sens, dont il n'est pas question ici.

tion.... entendant vanter votre douceur dans toutes les villes où j'ai paſſé, célébrer vos vertus, & votre rare beauté, (& cependant combien le portrait eſt au-deſſous de l'original !) je me ſuis pouſſé de moi-même à venir vous demander pour ma femme.

CATHERINE.

Pouſſé ! Fort à propos. — Que celui qui vous a pouſſé ici, vous repouſſe d'ici. J'ai bien vu d'abord à votre air, que vous étiez un ſot meuble.

PETRUCHIO.

Qu'eſt-ce que c'eſt qu'un meuble ?

CATHERINE.

C'eſt un eſcabeau (†).

PETRUCHIO.

Vous avez deviné juſte : venez donc vous aſſeoir ſur moi.

CATHERINE.

Les ânes ſont faits pour porter, & vous auſſi.

(†) Expreſſion proverbiale.

PETRUCHIO.

Les femmes font faites pour porter auſſi, & vous en êtes une.

CATHERINE.

Pas une roſſe comme vous, au moins; ſi c'eſt moi que vous entendez.

PETRUCHIO.

Hélas ! bonne Catin, je ne vous chargerois pas beaucoup ; je ſai trop que vous êtes jeune & délicate. * — Allons, écoutez-moi, Catin : d'honneur, vous ne m'échapperez pas ainſi.

CATHERINE.

Je vous chaſſerai, ſi je reſte davantage : ainſi, laiſſez-moi partir.

PETRUCHIO.

Non, non, pas du tout. Je vous trouve exceſſivement aimable. On m'avoit dit, que vous étiez revêche, taciturne & ſombre; & je vois à préſent que la Renommée eſt une menteuſe : car vous êtes agréable, enjouée, on ne peut pas plus polie, lente à parler, mais douce dans vos paroles, comme les fleurs du printems : vous ne pouvez pas ſeulement froncer le sourcil, ni regarder de travers, ni vous mordre les lèvres, comme font les filles colères; & vous n'avez aucun plaisir à contredire mal-à-propos : mais vous accueillez avec douceur vos amans, & vous les entretenez de doux propos, avec une politesse & une affabilité rares. Pourquoi le monde dit-il, que Catherine est cagneuse & mal faite ? O monde calomniateur ! Catin est droite & élancée comme une tige de noisetier; elle est d'une nuance aussi brune que l'écorce de ses noix, & plus douce que ses amandes. O que je vous voye marcher. — Vous ne boitez point.

CATHERINE.

Allez, sot : allez donner des ordres à ceux qui dépendent de vous.

PETRUCHIO.

Jamais Diane a-t-elle orné de sa présence un bocage, comme la belle Catin orne cette chambre de la majesté de son port ? Ah ! soyez Diane, vous, & que Diane devienne Catin ; & qu'alors Catin soit chaste & froide, & Diane folâtre & passionnée.

CATHERINE.

Où avez-vous étudié tout ce beau discours ?

PETRUCHIO.

C'est un impromptu, formé de l'esprit de ma mere.

CATHERINE.

Une mere vraiment spirituelle ! Sans elle, son fils n'auroit pas le sens commun.

PETRUCHIO.

Ne suis-je pas plein de sens & d'esprit ?

CATHERINE.

Oui : tenez-vous chaudement.

PETRUCHIO.

Vraiment, douce Catin, c'est bien mon intention, dans votre lit. Et en conséquence, laissant-là tout ce vain babil, je vous déclare tout uniment, que votre pere a donné son consentement à ce que vous soyez ma femme : votre dot est un article arrêté, & veuillez-le, ou ne le veuillez pas, je vous épouserai. Oh ! Catin, je suis le mari qu'il vous faut ; car, par cette lumiere, par laquelle je vois votre beauté, (votre beauté, qui fait que vous me plaisez beaucoup) je jure que vous ne devez être mariée à aucun autre homme qu'à moi : car je suis l'homme né exprès, Catin, pour vous mettre à la raison ; & de Catin sauvage que vous êtes, vous apprivoiser & vous amener à être douce & maniable, comme il convient que soit une femme en ménage. —— Voilà votre pere qui vient : n'allez pas me refuser ; je veux, & cela sera, avoir Catherine pour ma femme.

SCENE VII.

Les mêmes,

BAPTISTA, DREMIO & TRANIO.

BAPTISTA.

Hé bien, Seigneur Petruchio, comment vont vos affaires avec ma fille ?

PETRUCHIO.

Comment ? Fort bien, Monsieur. Comment voulez-vous qu'elles n'aillent pas bien ? Il est impossible que je ne réussisse pas.

BAPTISTA.

Hé bien, qu'en dites-vous, ma fille Catherine ? Vous avez l'air toute surprise.

CATHERINE.

Vous me donnez le nom de votre fille ? En effet, vous m'avez donné vraiment une belle preuve de tendreſſe paternelle, en ſouhaitant de me marier à un homme à demi-fou, à un vaurien d'écervelé, à un miſérable automate, qui ne fait que proférer des juremens, & qui s'imagine vous déconcerter avec ſes juremens.

PETRUCHIO.

Beau-pere, voici ce que c'eſt : — Vous & tout le monde, qui avez parlé d'elle, vous vous êtes trompés ſur ſon compte : ſi elle eſt bourrue, c'eſt par politique ; car elle n'eſt point emportée : elle eſt douce & modeſte comme une colombe ; point violente ; elle eſt calme comme le matin : elle ſeroit, en patience, un ſecond Griſſel (†), & une Lucrèce Romaine en chaſteté ; & pour conclurre, nous nous ſommes ſi bien convenus, que Dimanche eſt le jour de nos nôces.

CATHERINE.

Je te verrai pendu Dimanche, avant que cela ſoit.

(†) Bocace eſt l'inventeur de ce Conte, que Chaucer a copié dans ſon Clerc d'Oxenford.   STEEVENS.

DREMIO.

DREMIO.

Entendez-vous, Petruchio? Elle dit qu'elle vous verra pendre, avant que cela arrive.

TRANIO.

Eſt-ce-là votre ſuccès? Allons, je vois bien qu'il faut dire adieu à nos propres eſpérances.

PETRUCHIO.

Un peu de patience, Meſſieurs ; je la choiſis pour moi : ſi elle en eſt contente & moi auſſi, que vous importe à vous ? C'eſt un marché fait entre nous deux, lorſque nous étions tête-à-tête, qu'elle fera toujours la méchante & la bourrue en compagnie. Je vous dis que cela eſt incroyable, à quel excès elle m'aime. O la tendre Catherine ! Elle ſe ſuſpendoit paſſionnément à mon cou, & puis elle me donnoit baiſers ſur baiſers, proteſtant, avec ferment ſur ferment, qu'en un clin-d'œil elle s'étoit priſe d'amour pour moi : oh ! vous n'êtes que des novices. C'eſt une merveille de voir comment un pauvre diable timide, craintif, peut, dans le tête-à-tête, apprivoiſer la femme la plus diableſſe. — Donnez-moi votre main, Catherine ; je vais aller à Veniſe, pour faire les emplettes des nôces. — Beau-pere, préparez la fête,

& invitez les convives ; je réponds que ma Catherine sera belle & bien parée.

BAPTISTA.

Je ne fai que dire : mais, donnez-moi tous deux la main. Dieu vous rende heureux, Petruchio ! C'eft un mariage conclu.

DREMIO & TRANIO.

Nous y joignons nos vœux : nous voulons fervir de témoins.

PETRUCHIO.

Adieu, beau-pere, — adieu, ma femme, — adieu, Meffieurs ; je vais à Venife : Dimanche fera bientôt venu. Nous aurons des anneaux, & des bijoux, & une riche parure ; & embraffez-moi, Catherine : nous ferons mariés Dimanche.

(*Petruchio & Catherine fortent par des côtés oppofés.*)

SCENE VIII.

DREMIO, BAPTISTA & TRANIO.

DREMIO.

A-t-on jamais vu un mariage conclu si rapidement?

BAPTISTA.

D'honneur, Messieurs, je fais ici le rôle d'un Marchand, & j'aventure à tout hasard mon bien sur une entreprise désespérée.

TRANIO.

C'est une denrée que vous embarquez sur les flots, & qui vous rapportera du gain, ou qui périra sur les mers.

BAPTISTA.

Tout le gain que j'y cherche, c'est la paix dans ce mariage.

DREMIO.

Oh! sûrement: il s'est-là donné une conquête fort pacifique. — Mais à présent, Baptista, parlons de votre cadette. —— Le voici enfin venu, le jour après lequel nous avons tant soupiré : je suis votre voisin, & je suis le premier en date.

TRANIO.

Et moi, je suis un amant, qui aime plus Bianca que les paroles ne peuvent l'exprimer, ou vos pensées le concevoir.

DREMIO.

Allons, jeune barbe ; vous ne pouvez l'aimer aussi tendrement que moi.

TRANIO.

Allons, barbe grise ; votre amour est glacé.

DREMIO.

Et le vôtre est calciné : allons, jeune folâtre retirez-vous ; c'est la vieillesse qui nourrit.

TRANIO.

Mais c'est la jeunesse qui fleurit aux yeux des belles.

BAPPTISTA.

Appaisez-vous, Messieurs ; je concilierai cette dispute : ce sont les effets qui doivent gagner le prix ; & celui des deux qui peut assurer à ma fille le plus riche douaire, aura la tendresse de Bianca. —Parlez, Seigneur Dremio, quels avantages lui assûrez-vous?

DREMIO.

D'abord, comme vous le savez très-bien, ma maison de ville est richement fournie de vaisselle d'or & d'argent, de bassins & d'aiguieres, pour laver ses belles mains. Mes tentures sont des tapisseries de Tyr; j'ai logé mes écus dans des coffres d'ivoire : des caisses de cyprès renferment mes tentures de haute-lice, mes courte-pointes : de riches & fastueuses parures, des tapis, des canapés, de belles toiles, des coussins de Turquie en bosses de perles, des bonnes graces de lit brochées en or au point de Venise, force ustensiles d'étain (§) & de cuivre, & généralement tous les meubles qui peuvent appartenir à une maison & au ménage. Ensuite, à ma ferme de campagne, j'ai cent vaches à lait, cent vingt bœufs gras dans mes étables, & tout le reste à proportion. Et moi, je suis âgé, il faut que je l'avoue ; & si je meurs demain, tous ces biens sont

---

(§) L'étain, du tems de la Reine Elisabeth, étoit encore trop cher, pour être commun chez les simples bourgeois.

STÉVENS.

à elle, si elle veut consentir à être à moi pendant le tems qui me reste à vivre.

TRANIO.

C'est ce dernier article qui est le seul bon. —— (*à Baptista*) Monsieur, écoutez-moi : je suis l'unique fils & héritier de mon pere ; si je peux obtenir votre fille pour mon épouse, je lui laisserai, dans l'enceinte de l'opulente Pise, des maisons trois ou quatre fois aussi-belles, aussi-bien meublées qu'aucune que possede dans Padoue le vieux Seigneur Dremio ; en outre, deux mille ducats de revenu par année sur une terre fertile ; tous ces avantages formeront son douaire. Hé bien, Seigneur Dremio vous ai-je mis la puce à l'oreille ?

DREMIO.

Deux mille ducats de revenu en terre par an ! Ma terre toute entiere ne monte pas à cette somme ; mais ma terre sera à elle, & en outre un vaisseau, qui maintenant vogue sur la route de Marseille. Hé bien, le vaisseau ne vous coupe-t-il pas la parole ?

TRANIO.

Dremio, tout le monde sait que mon pere n'a pas moins de trois vaisseaux à lui, outre deux vastes ga-

COMÉDIE. 95

liotes (†), & douze belles galeres; je lui en ferai don, & deux fois autant encore, après votre derniere offre.

DREMIO.

Moi, j'ai tout offert; je n'ai plus rien à offrir, & elle ne peut avoir plus que je n'ai moi-même. — (*à Baptifta*) Si vous m'agréez, elle m'aura avec tout mon bien.

TRANIO.

Cela étant, la jeune perfonne eft à moi, par l'univers! d'après votre promeffe conftante : Dremio eft furpaffé.

BAPTISTA.

Je dois convenir que votre offre eft la plus forte; & fi votre pere veut lui en cautionner l'affurance, elle eft à vous : autrement, vous voudrez bien m'excufer ; car, fi vous mouriez avant elle, où feroit fon douaire ?

(†) *Galliaff*, navire lourd & plus écrafé, fait pour être chargé à voiles & à rames : tenant également du vaiffeau & de la galère. STEEVENS.

TRANIO.

C'est-là une pure chicane : mon pere est vieux, & moi je suis jeune.

DREMIO.

Et les jeunes gens ne peuvent-ils pas mourir, aussi-bien que les vieux ?

BAPTISTA.

Enfin, Messieurs, voici ma derniere résolution. — Dimanche prochain, vous le savez, ma fille Catherine doit être mariée : hé bien, le Dimanche suivant, Bianca vous épousera, si vous me donnez cette caution : sinon, elle est au Seigneur Dremio ; & sur ce, je prends congé de vous, & vous fais mes remercîmens à tous les deux.

(Baptista sort.)

DREMIO.

Adieu, digne voisin. — (*à Tranio*) Maintenant je n'ai pas peur de vous : allons donc, jeune badin, votre pere seroit un fou de vous abandonner tout son bien, & d'aller, dans le déclin de ses vieux ans, se faire votre pensionnaire. Bah ! babioles ! le vieux renard Italien ne sera pas si complaisant, mon enfant. *(Dremio sort.)*

TRANIO.

TRANIO.

La peste tombe sur les rides de ta peau de renard ! Cependant je vous lui ai riposté avec une carte de dix (†). — Il est dans ma tête de faire le bien de mon maître. — Je ne vois pas de raison, pourquoi le faux Lucentio ne pourroit pas s'engendrer un pere, qui seroit un faux Vincentio ; & ce sera un prodige ; car ordinairement ce sont les peres qui engendrent leurs enfans ; mais dans le cas de cet amour-ci, c'est un fils qui s'engendrera un pere, si mon adresse me sert heureusement.

(Il sort.)

(†) C. A. D. la plus haute carte.

Sly s'éveille, & parle à un des Laquais.

SLY.

Simon, quand ce fou reparoîtra-t-il ?

SIMON.

Tout-à-l'heure, Milord.

SLY.

Donne-nous un peu à boire ici. — Où est le garçon de Cabaret ? — Allons, Simon, mange un peu de ces drôleries-là.

SIMON.

C'est ce que je fais, Milord.

SLY.

A ta santé, Simon: je bois à toi.

Fin du second Acte.

ACTE III.

SCÈNE PREMIERE.

La Scène est dans la maison de BAPTISTA.

LUCENTIO, HORTENSIO, BIANCA.

LUCENTIO.

Allons, Monsieur le Musicien, arrêtez : vous allez trop vîte, Monsieur. Avez-vous si-tôt oublié le traitement avec lequel sa sœur Catherine vous a accueilli?

HORTENSIO.

Mais, pédant querelleur, cette jeune beauté est la Déesse tutélaire de la céleste harmonie ; ainsi, permettez-moi d'avoir la préférence ; & lorsque nous aurons employé une heure à la musique, vous en prendrez une autre pour votre lecture.

LUCENTIO.

Imbécille brouillon ! qui jamais n'a lu seulement assez, pour connoître la cause qui a fait ordonner la Musique ! N'est-ce pas pour rafraîchir l'esprit de l'homme, fatigué de ses études, ou des peines de la vie ? Laissez-moi donc donner ma leçon de philosophie ; & lorsque je m'arrêterai, servez alors votre musique.

HORTENSIO.

Ami, je n'endurerai pas ces bravades de votre part.

BIANCA.

Allons, Messieurs ; vous me faites une double injure, de vous quereller pour une chose qui doit dépendre de mon choix ; je ne suis pas un écolier sur vos bancs, sujet à la correction ; je ne suis pas enchaînée aux heures, ni à des tems marqués ; je puis prendre mes leçons aux heures qu'il me plaît ; & pour terminer tout débat, asseyez-vous ici tous les deux. Vous, prenez votre instrument, commencez à jouer : la leçon de Monsieur sera finie, avant que vous vous soyez mis d'accord.

HORTENSIO.

Et vous finirez sa leçon, dès que mon instrument sera d'accord ? (*Hortensio s'éloigne.*)

LUCENTIO.

C'est ce qui ne sera jamais. — Accordez toujours votre instrument.

BIANCA.

Où en sommes-nous restés la derniere fois ?

LUCENTIO.

Ici, Madame :

Hâc ibat Simoïs : hic est sigeïa tellus :
Hic steterat Priami regia celsa senis (§).

BIANCA.

Faites la construction.

LUCENTIO.

Hâc ibat, comme je vous l'ai déja dit. — *Simoïs*, je suis Lucentio. — *Hic est*, fils de Vincentio de Pise. — *Sigeïa tellus*, déguisé pour obtenir votre amour. — *Hic steterat*, & ce Lucentio qui vient vous rechercher en mariage. — *Priami*, est mon Domestique Tranio. — *Regia*, vêtu de mes habits. — *Celsa senis*, afin de pouvoir tromper le vieux Pantalon.

(§) *Vers latins*, dont voici le sens :
  Là couloit le simoïs : ici est la terre de Sigée :
  Ici s'élevoit le superbe Palais du vieux Priam.

HORTENSIO, *se rapprochant.*

Madame, mon instrument est d'accord.

BIANCA.

Voyons, jouez. — (*Hortensio joue*) Oh! fi: le dessus est discordant.

LUCENTIO.

Ami, crachez dans le trou, & remontez encore cette corde.

BIANCA.

Laissez-moi voir à mon tour, si je peux faire la construction. *Hâc ibat Simoïs*, je ne vous connois pas. — *Hic est sigeïa tellus*, je ne me fie point à vous. — *Hic steterat Priami*, prenez garde qu'il ne nous entende. — *Regia*, ne présumez pas trop, — *Celsa senis*, & ne désespérez pas non plus.

HORTENSIO.

Madame, il est d'accord à présent.

LUCENTIO.

Oui, hors dans le bas.

HORTENSIO.

Le *bas* est bien. — (*à demi-voix*) C'est ce *bas* filou qui détonne ici. Comme notre pédant est enflammé & entreprenant! Mais sur ma vie, il fait sa cour à l'objet de mon amour. — Petit pédant, va, je vais te veiller de plus près.

BIANCA, à LUCENTIO.

Il pourra venir un tems où vous me persuaderez; mais je n'ai point encore de confiance.

LUCENTIO.

N'ayez nulle défiance; car certainement... *(appercevant Hortensio, qui écoute)* Æacides étoit Ajax: on l'appelloit ainsi du nom de son grand-pere (§).

BIANCA.

Il faut bien que je m'en rapporte à mon maître: sans cela, je vous promets, que j'argumenterois encore sur ce doute; mais, laissons cela. — Allons, Licio, à vous. — Bons maîtres, ne le prenez pas en mauvaise part, je vous prie, si j'ai ainsi badiné avec vous.

HORTENSIO, à LUCENTIO.

Vous pourriez aller faire un tour, & me laisser

(§) Cette phrase de Lucentio est jettée exprès, pour tromper l'espion.

libre un moment ; je ne donne point de leçon de Musique à trois parties.

LUCENTIO.

Êtes-vous si formaliste, Monsieur ? (*à part*) Hé bien, moi, il faut que je reste, & que je veille ; car je pourrois être joué ; notre beau Musicien devient amoureux.

HORTENSIO.

Madame, avant de toucher l'instrument, pour apprendre l'ordre dans lequel je place mes doigts, il faut que je commence par les premiers élémens de l'Art. Je veux vous montrer la Gamme par une méthode plus courte, plus agréable, plus moëlleuse & plus rapide, qu'aucun de ma profession l'ait encore enseignée jusqu'à ce jour : & la voici lisiblement tracée sur ce papier.

BIANCA.

Mais il y a long-tems que j'ai passé la Gamme.

HORTENSIO.

N'importe : lisez celle d'Hortensio.

BIANCA, *lit.*

Gamme. Je suis la base fondamentale de tous les accords.

accords. *A. ré*, pour déclarer la paſſion d'Hortenſio. *B. M.* Bianca, acceptez-le pour votre époux. *C. fa ut*; il vous aime avec tendreſſe. *D. ſol ré.* Sur une clef, j'ai deux notes. *E. la mi*, montrez-moi de la pitié, ou je meurs. — Eſt-ce que vous appellez cela la Gamme *ut?* Bah! elle ne me plaît pas: j'aime mieux les anciennes méthodes: je ne ſuis pas aſſez fantaſque pour changer les vieilles règles, contre des inventions biſarres.

SCÈNE II.

Les mêmes.

Un DOMESTIQUE *entre.*

LE DOMESTIQUE.

MA maîtreſſe, votre pere vous prie de quitter vos Livres, & d'aider à arranger l'appartement de votre sœur: vous ſavez, que c'eſt demain le jour de ſes nôces.

BIANCA.

Adieu, chers maîtres; il faut que je vous quitte.
(*Elle ſort.*)

LUCENTIO.

Vraiment, Mademoiselle, si vous vous en allez, je n'ai nulle raison de rester.

(*Il sort.*)

HORTENSIO.

Moi, j'en ai d'observer un peu ce pédant; il me semble que tout dans ses yeux annonce qu'il est amoureux. — Mais, Bianca, si tes pensées sont assez basses, pour jetter tes yeux errans sur le premier avanturier qui se présente, te prenne qui voudra: si une fois je te trouve inconstante & volage, Hortensio en sera quitte avec toi, pour changer d'objet & de sentimens.

(*Il sort.*)

SCÈNE III.

BAPTISTA, DREMIO, TRANIO, CATHERINE, LUCENTIO, BIANCA, & *sa suite.*

BAPTISTA.

Seigneur Lucentio, voici le jour marqué où Catherine & Petruchio doivent être mariés; & cependant nous n'avons point de nouvelles de notre gendre : qu'en penser ? Quelle insulte, que l'époux manque à sa parole, lorsque le Prêtre attend pour accomplir les rites & la célébration du mariage? Que dit Lucentio de cet affront qui nous est fait?

CATHERINE.

L'affront n'est que pour moi. Il faut aussi, qu'on me force à donner ma main, contre l'inclination de mon cœur, à un écervelé brutal, plein de caprices, qui brusque à la hâte la demande, & qui épouse à son loisir ! Je vous l'avois bien dit, que c'étoit un fou, un frénétique, qui cachoit, sous une apparence de bonhommie franche & grossière, ses insultes ameres ; & afin de passer pour un homme jovial,

il courtisera mille femmes, fixera le jour du mariage, assemblera ses amis, les invitera, fera même publier les bans, bien résolu de ne pas épouser aux lieux où il fait sa cour. Il faudra donc maintenant que le monde montre au doigt la malheureuse Catherine, & dise: « Tenez, voilà l'épouse de cet
» étourdi de Petruchio, quand il lui plaira de re-
» venir l'épouser ».

TRANIO.

Patience, bonne Catherine, & vous aussi, Baptista. Sur ma vie, Petruchio n'a que des intentions honnêtes, quelque soit le hasard qui l'empêche d'être exact à sa parole: tout grossier qu'il est, je le connois pour un homme sensé; & quoique jovial, il n'en est pas moins honnête.

CATHERINE.

Oh! que je voudrois ne l'avoir jamais vu de ma vie! *(Elle sort en pleurant.)*

BAPTISTA.

Va, ma fille; je ne puis blâmer tes larmes; car la patience d'un Ange ne tiendroit pas à cette insulte; encore moins une femme de ton humeur acariâtre & emportée.

COMÉDIE.

SCÈNE IV.

Les mêmes.

BIONDELLO.

BIONDELLO.

Mon maître, mon maître, des nouvelles, de vieilles nouvelles, & telles que vous n'en avez jamais entendu de pareilles.

BAPTISTA.

Que dis-tu, *vieilles* (§) & *nouvelles* à la fois ! Comment cela se peut-il ?

BIONDELLO.

Quoi ! ne sont-ce pas des nouvelles, que de vous apprendre l'arrivée de Petruchio ?

BAPTISTA.

Est-il arrivé ?

(§.) *Old, vieux*, épithète hyperbolique du tems.
STUVENS.

BIONDELLO.

Et vraiment non, Monsieur.

BAPTISTA.

Quoi donc?

BIONDELLO.

Mais il vient.

BAPTISTA.

Quand fera-t-il ici?

BIONDELLO.

Quand il fera à la place où je fuis, & qu'il vous verra, comme je vous vois.

TRANIO.

Mais, voyons, qu'entends-tu par tes *vieilles* nouvelles?

BIONDELLO.

Hé bien! Petruchio arrive, avec un chapeau neuf, un vieux jufte-au-corps, un haut de chauffes retourné pour la troifieme fois: une paire de bottes qui ont long-tems fervi d'étui aux bouts de chandelles, l'une bouclée, l'autre lacée, avec les deux bouts d'un mauvais lacet; une vieille épée rouillée, prife dans l'arfenal de la ville, dont la garde eft rompue, sans fourreau ; un cheval déhanché avec une selle rongée des mites, & les étriers de deux paroisses; & le cheval qui est infecté de la morve, & efflanqué des reins comme un rat, affligé d'un lampas au palais, atteint du farcin, rempli d'écorchures, empêtré d'épervins, rayé de jaunisses, avec des avives incurables, tout-à-fait pelé par les vertigos, rongé par les tranchées, tout contrefait, les épaules déboîtées, les jambes serrées à se couper, avec une bride qui n'a qu'une guide, & une têtiere de peau de mouton, & qui, pour le tenir de court, afin de l'empêcher de broncher, à été cent fois rompue, & raccommodée avec des nœuds ; une sangle en six morceaux, & une croupiere de velours pour femme, marquée de deux lettres de son nom, bien garnie de clous, & rapiècetée en mille endroits avec de la ficelle.

BAPTISTA.

Qui vient avec lui ?

BIONDELLO.

Oh ! Monsieur, son laquais, qui, ma foi, est tout caparaçonné comme son cheval, avec un bas de fil à une jambe, & un bas de botte de Kersey de Kent : à l'autre, une jarretiere de lisiere rouge &

bleue, un vieux feutre, avec les humeurs de quarante fantaisies, attachées (†) au lieu de plumet. Enfin, un monstre, un vrai monstre dans son acoutrement, & n'ayant rien du valet d'un Chrétien, ni du laquais d'un Gentil-homme.

TRANIO.

Ce sera quelque idée bisarre qui l'aura porté à s'acoutrer de cette maniere. —— Cependant il va souvent fort mesquinement vêtu.

BAPTISTA.

Je suis toujours bien aise qu'il soit venu, de quelque façon qu'il vienne.

BIONDELLO.

Quoi ! Monsieur, il ne vient pas ?

BAPTISTA.

N'as-tu pas dit, qu'il venoit ?

BIONDELLO.

Qui ? que Petruchio venoit ?

BAPTISTA.

Oui, que Petruchio venoit.

(†) Lambeau de quelque balade du tems, que Shakespeare tourne en ridicule.

BIONDELLO.

BIONDELLO.

Non, Monsieur: je dis que son cheval vient, & lui sur son dos.

BAPTISTA.

Bah! c'est tout un.

BIONDELLO.

Non, par Saint-Jacques: je vous gagerai un sol, qu'un homme & un cheval font plus qu'un, & cependant ne font pas deux.

SCÈNE V.

Les mêmes.

PETRUCHIO, GRUMIO.

PETRUCHIO.

Allons, où sont ces honnêtes gens? Qui est ici au logis?

BAPTISTA.

Vous êtes le bienvenu, Monsieur.

PETRUCHIO.

Et cependant, je ne viens pas bien.

BAPTISTA.

Vous ne boitez pourtant pas.

TRANIO.

Vous n'êtes pas aussi bien paré, que je le souhaiterois.

PETRUCHIO.

Il valoit bien mieux me hâter d'arriver. — Mais, où est Catherine ? où est mon aimable épouse ? Comment se porte mon pere ? — Quoi ! Messieurs, vous me paroissez sombres & sérieux : & pourquoi toute cette honnête compagnie me fixe-t-elle d'un œil surpris, comme s'ils voyoient quelque prodige étonnant, quelque comète, quelque phénomène extraordinaire ?

BAPTISTA.

Mais, Monsieur, vous savez que c'est aujourd'hui le jour de votre mariage : nous étions tristes d'abord, dans la crainte que vous ne vinssiez pas ; mais nous le sommes encore plus maintenant, de vous voir venir si mal préparé. Allons donc : ôtez-moi cet acoutrement, qui déshonore votre fortune, & qui attriste notre fête solemnelle.

TRANIO.

Et, dites-nous, quel sujet important vous a tenu si long-temps éloigné de votre future, & vous a fait venir ici si différent de vous-même ?

PETRUCHIO.

L'histoire en seroit ennuyeuse à raconter, & fâcheuse à entendre. Il suffit que me voilà venu pour tenir ma parole, quoique j'aie été forcé de manquer, en quelque partie, à ma promesse. Dans un moment où j'aurai plus de loisir, je vous donnerai de tout de si bonnes raisons, qu'elles vous satisferont. — Mais, où est donc Catherine ? Je reste trop long-temps sans la voir : la matinée passe ; nous devrions déja être à l'Eglise.

TRANIO.

Donnez-vous bien de garde d'aller visiter votre épouse dans un habillement si peu décent : montez chez moi, & mettez un de mes ajustemens.

PETRUCHIO.

Non vraiment, je vous le garantis : voilà comme je lui ferai visite.

BAPTISTA.

Mais j'espère du moins, que ce ne sera pas dans ce costume que vous vous marierez.

PETRUCHIO.

D'honneur, tout comme me voilà. Ainsi, abrégeons les discours : c'est moi qu'elle épouse, & non pas mes habits. Oh ! si je pouvois réparer ce qu'elle usera en ma personne, comme il m'est aisé de changer ce mauvais habit, Catherine s'en trouveroit bien, & moi encore mieux. Mais je suis bien fou de m'arrêter à babiller avec vous, lorsque je devrois être à donner à mon épouse un bonjour, scellé par un tendre baiser.

(Il sort avec Grumio.)

SCÈNE VI.

Les autres.

TRANIO.

IL a quelque intention dans son bisarre équipage: nous le déterminerons, si cela est possible, à se vêtir plus décemment, avant qu'il aille à l'Eglise.

BAPTISTA.

Je vais le suivre, & voir l'issue de tout ceci.

(Il sort.)

SCÈNE VII.

LUCENTIO & TRANIO.

TRANIO.

Mais, Monsieur, il est intéressant d'ajouter (†) à votre amour, le consentement de son pere; & pour y parvenir, je vais, suivant l'expédient dont je vous ai fait part, me procurer un homme. Quelqu'il soit, peu nous importe: nous le façonnerons à nos vues; & il sera Vincentio de Pise; & il cautionnera ici à Padoue de plus grandes sommes que je n'en ai promis; par ce moyen, vous jouirez tranquillement de l'objet de votre espoir, & vous épouserez l'aimable Bianca, de l'aveu de son pere.

LUCENTIO.

Si ce n'est que l'autre Maître, mon collègue,

(†) Il faut supposer que Lucentio, dans un entretien particulier, a informé Tranio de son succès auprès de Bianca, dont il avoit obtenu la tendresse; & Tranio reprend, en disant qu'il faut ajouter à cet amour, le consentement du pere.

obferve de fi près les pas de Bianca, il feroit bon, je penfe, de nous marier clandeftinement; & la chofe une fois faite, le monde entier auroit beau dire *non*, je ferois maître de mon bien, en dépit du monde entier.

TRANIO.

Nous verrons par degrés à en venir-là, & nous faifirons notre avantage dans cette affaire. — Nous attraperons le vieux barbon de Dremio, le bon Minola, dont l'œil paternel eft aux aguets, le beau Muficien, l'amoureux Licio; & le tout pour fervir mon maître Lucentio.

SCÈNE VIII.

Les mêmes.

DREMIO, *revenant de l'Eglise.*

TRANIO.

C'est vous, Seigneur Dremio! Venez-vous de l'Eglise?

DREMIO.

Ah! d'auſſi bon cœur, que je ſois jamais revenu de l'école (§).

TRANIO.

Et le marié & la mariée reviennent-ils au logis?

DREMIO.

Le marié, dites-vous? Oh! c'eſt un vrai palfrenier, & un palfrenier brutal; & la pauvre fille en ſaura quelque choſe.

TRANIO.

Quoi! plus bourru qu'elle? Oh! cela eſt impoſſible.

(§) Expreſſion proverbiale.   STEEVENS.

DREMIO.

Bon! c'est un Diable, un vrai Diable, un Démon.

TRANIO.

Hé bien, elle, c'est une Diablesse, une vraie femme de Satan.

DREMIO.

Bah! elle, c'est un agneau, une colombe, une follette auprès de lui. Je vais vous conter, Monsieur Lucentio : lorsque le Prêtre a demandé s'il vouloit Catherine pour son épouse, *oui*, a-t-il crié, *par tous les élémens !* & il a juré si horriblement, que tout confondu, le Prêtre a laissé tomber son livre de ses mains; & comme il se baissoit pour le ramasser, ce cerveau brûlé d'époux, lui a porté un si furieux coup de poing, que Livre & Prêtre, Prêtre & Livre en ont été renversés par terre : allons, *ramassez-les*, a-t-il dit, *si quelqu'un en a envie*.

TRANIO.

Hé! qu'a dit la jeune fille, quand le Prêtre s'est relevé?

DREMIO.

La pauvrette trembloit de tous ses membres; car, il frappoit du pied, & juroit, comme si le Vi-

caire

caire eût eu intention de le duper. Enfin, après plusieurs cérémonies, il a demandé du vin : *à la santé*, a-t-il crié, comme s'il eût été à bord d'un vaisseau, buvant à la ronde à ses camarades de mer, après une tempête; il a avalé des rasades de vin muscat (§), & il en jettoit les rôties à la face du Sacristain; sans en avoir d'autre raison, sinon que sa barbe étoit claire & aride, & avoit l'air, disoit-il, de lui demander ses rôties, lorsqu'il buvoit. Cela fait, il vous a pris sa future par le cou, & vous lui a appuyé sur les lèvres des baisers si bruyans, que, quand leurs bouches se séparoient, l'Eglise retentissoit du bruit. Moi, voyant cela, je me suis enfui de honte, & je sais qu'après moi vient toute la compagnie. Jamais on n'a vu un mariage si extravagant. — Écoutez, écoutez, les Musiciens jouent.

(*On entend de la Musique.*)

(§) C'étoit l'usage de boire du vin immédiatement après la cérémonie du mariage. Cet usage se pratique encore aujourd'hui à la porte de l'Eglise, dans quelques villages de France. On le vit pratiquer au mariage de Marie & de Philippe dans la Cathédrale de Winchester, en 1554.

SCÈNE IX.

Les mêmes.

PETRUCHIO, CATHERINE, BIANCA, HORTENSIO, & BAPTISTA.

PETRUCHIO.

Mes amis, & vous, Messieurs, je vous remercie de vos peines, & de votre complaisance : je sai que vous comptez dîner avec moi aujourd'hui, & que vous avez fait tous les apprêts d'un grand festin; mais la vérité est, que mes affaires pressantes m'appellent loin d'ici, & que je me propose de prendre congé de vous.

BAPTISTA.

Est-il possible ?

PETRUCHIO.

Il faut que je parte aujourd'hui, avant que la nuit soit venue; n'en soyez pas étonné : si vous connoissiez mes affaires, vous m'exhorteriez plutôt à partir qu'à rester; & je vous rends graces, à toute l'honnête compagnie, qui avez été témoins de la foi que j'ai donnée à cette épouse vertueuse, si patiente & si douce. Dînez avec mon pere, buvez à ma santé ; car il faut que je vous quitte : &... adieu tous.

TRANIO.

Accordez-nous de rester jusqu'après le dîner.

PETRUCHIO.

Cela ne se peut pas.

DREMIO.

Souffrez que je vous en prie.

PETRUCHIO.

Cela n'est pas possible.

CATHERINE.

Je vous en supplie.

PETRUCHIO.

Ah ! je suis satisfait.

CATHERINE.

Êtes-vous satisfait de rester ?

PETRUCHIO.

Je suis satisfait de ce que vous me priez de rester : mais aussi résolu de ne pas rester ; vous avez beau m'en prier.

CATHERINE.

S'il est vrai que vous m'aimiez, vous resterez.

PETRUCHIO.

Grumio, mes chevaux.

GRUMIO.

Oui, Monsieur; ils sont prêts : l'avoine a mangé les chevaux (†).

CATHERINE.

Non : faites ce que vous voudrez; je ne partirai point aujourd'hui, non; ni demain non plus : je ne partirai que lorsqu'il me plaira. Les portes sont ouvertes, Monsieur : voilà votre chemin : vous pouvez aller le trot, tandis que vos bottes sont fraîches. —Pour moi, je ne partirai, que quand il me plaira. Il paroît que vous deviendrez un joli brutal de mari, puisque vous vous y prenez le premier jour si sans façons.

PETRUCHIO.

O ma chere Catherine! calme-toi; je t'en prie, ne te fâche pas!

(†) Lorsque les chevaux sont restés si long-temps à l'écurie, qu'ils auroient pu manger plus qu'ils ne valent, on dit de même plaisamment, qu'ils ont la tête trop grosse pour la porte de l'écurie. STEEVENS.

CATHERINE.

Je me fâcherai. Qu'avez-vous qui vous presse? — Mon pere, soyez tranquille; il attendra mon loisir.

DREMIO.

Oui, oui, Monsieur; cela commence à prendre.

CATHERINE.

Messieurs, allez commencer le dîner des nôces. Je vois qu'on pourroit faire d'une femme une sotte, si elle n'avoit pas de fermeté pour tenir bon.

PETRUCHIO.

Ces Messieurs vont aller dîner, Catherine, à ton ordre. — Obéissez à la nouvelle mariée, vous qui l'avez accompagnée à la cérémonie : allez au banquet, divertissez-vous bien, & livrez-vous à la bonne humeur ; buvez à pleines coupes à sa virginité ; soyez gais jusqu'à la folie... ou allez au diable, si vous voulez. — Mais, pour ma belle Catherine, il faut qu'elle vienne avec moi. Oui : ne me regardez pas de travers, ne frappez pas du pied, ne me fixez pas d'un œil menaçant, ne vous mettez pas en courroux ; je serai le maître de ce qui m'appartient, j'espère ; elle est mon bien, mes fonds ; elle est ma maison, mon ménage, mes champs, ma ferme, mon cheval, mon bœuf, mon âne, mon tout enfin : & la voilà ici près de moi ; qu'aucun de vous ose la toucher : je vous mettrai à la raison le plus hardi qui osera traverser mon chemin dans Padoue. — Grumio, tire ton arme, nous sommes assiégés de voleurs ; délivre d'eux ta maîtresse, si tu es un homme de cœur. — N'aye pas peur, ma fille ; ils ne te toucheront pas, Catherine : je serois ton bouclier, contre un million d'ennemis.

(*Petruchio sort, emmenant Catherine toute tremblante & confondue.*)

SCENE X.

Les autres.

BAPTISTA.

Allons, laiffons-les aller : c'eft un couple d'amàns fort doux !

DREMIO.

S'ils ne s'en étoient pas allés, je ferois mort d'envie de rire.

TRANIO.

On a bien vu des mariages bifarres & fous, mais jamais on n'en vit un pareil à celui-ci.

LUCENTIO, *à BIANCA*.

Mademoifelle, que penfez-vous de votre fœur?

BIANCA.

Qu'étant folle elle-même, elle eft follement mariée.

DREMIO.

Je lui en fais mon bon billet, Petruchio eft Catherinifé.

BAPTISTA.

Voisins & amis, si le marié & la mariée nous manquent, pour remplir leurs places à table, vous savez que la bonne-chère ne manquera pas à la fête. — Lucentio, vous occuperez la place du nouveau marié; & que Bianca prenne celle de sa sœur.

TRANIO.

L'aimable Bianca apprendra à faire l'épouse.

BAPTISTA.

Oui, elle le fera, Lucentio. Allons, Messieurs, à dîner.

Fin du troisieme Acte.

ACTE IV.

SCÈNE PREMIERE.

La Scène repréſente la Maiſon de Campagne de PETRUCHIO.

GRUMIO, *deſcendant de cheval, & entrant dans la Maiſon.*

MALÉDICTION, malédiction ſur toutes les roſſes qui ne peuvent plus aller! ſur tous les maîtres écervelés! & ſur tous les mauvais chemins! Y a-t-il jamais eu homme auſſi moulu, auſſi crotté, auſſi las que moi? — On m'envoye devant pour faire du feu, & ils viennent après moi, pour s'y chauffer. Ma foi, ſi je n'étois pas d'une complexion chaude (§), mes lèvres ſeroient collées à mes dents, ma langue

---

(§) Comme on dit: un petit pot eſt facile à échauffer. Expreſſion proverbiale.

au plafond de mes mâchoires, & mon cœur à mon ventre, avant que je pûsse approcher du foyer, pour me dégéler. — Mais moi, je vais être réchauffé, seulement à allumer le feu. En voyant le tems qu'il fait, un homme plus grand que moi prendroit un rhume. — Hola, quelqu'un ? Curtis !

SCÈNE II.

GRUMIO, CURTIS.

CURTIS.

Qui est-ce-là ? Qui appelle, comme un homme transi de froid ?

GRUMIO.

Un glaçon : si tu en doutes, tu peux glisser de mon épaule à mon talon, aussi vîte que tu ferois de ma tête à mon cou. Du feu, du feu, bon Curtis.

CURTIS.

Mon maître & sa femme viennent-ils, Grumio ?

GRUMIO.

Oui, Curtis, oui; & à cause de cela, du feu, du feu: ne jette pas d'eau.

CURTIS.

Sa femme est-elle aussi méchante Diablesse, qu'on le dit?

GRUMIO.

Elle l'étoit, bon Curtis, avant cette gélée; mais tu sais, que l'hiver apprivoise tout, hommes, femmes, & bêtes (§); le froid nous a tous mis à la raison, mon ancien maître, ma nouvelle maîtresse, & moi aussi, camarade Curtis.

CURTIS.

Au diable, archi-fou (†). Je ne suis point une bête, moi.

GRUMIO.

Est-ce que je n'ai que trois pouces? Quoi! ta corne a un pied; & je suis aussi long, pour le

---

(§) Proverbe. Le mariage & l'hiver apprivoise tout, homme & bête.   STEEVENS.

(†) *Fou de trois pouces d'épais.* C. A. D. qui a la peau du crâne épaisse de trois pouces. WARBURTON.

moins (§). — Mais, veux-tu faire du feu, ou que je me plaigne de toi à notre maîtresse, dont tu sentiras bientôt la main ; (car elle n'est qu'à deux pas) à ton froid reconfort, pour t'apprendre à être si paresseux dans ton chaud office.

CURTIS.

Je t'en prie, bon Grumio, dis-moi, comment va le monde ?

GRUMIO.

Un monde bien froid, Curtis, dans tout autre emploi que le tien ! &, partant du feu ; fais ton devoir & prends ton dû ; car mon maître & ma maîtresse sont presque morts de froid.

CURTIS.

Voilà du feu tout prêt : ainsi, cher Grumio, à présent, des nouvelles ?

GRUMIO.

Allons, (*chantant*) *Pauvre Jacques, ah ! mon enfant* (†), autant de nouvelles que tu voudras.

(§) Le sens de cette équivoque, est qu'il avoit fait Curtis cocu. WARBURTON.

(†) Fragment d'une ancienne balade.

CURTIS.

Tu es si plein de menteries.

GRUMIO.

Allons donc, du feu; car j'ai pris un froid glacial. — Où est le Cuisinier ? Le souper est-il prêt, la maison rangée, les nattes étendues, les toiles d'araignées balayées ? Les gens qui servent, sont-ils dans leur livrée neuve, dans leurs bas blancs, & chaque Officier a-t-il son habit de nôces ? Les vases à boire sont-ils nets en dedans, & les servantes en dehors (†) ? Les tapis sont-ils placés ? Tout est-il en ordre ?

CURTIS.

Tout est prêt ; ainsi, je t'en prie, des nouvelles.

GRUMIO.

D'abord, tu sauras que mon cheval est rendu de

(†) Le sens de Warburton est, les vases à boire sont-ils nets, & les servantes habillées & propres ?

Suivant Steevens, c'est un jeu de mots entre *jack* & *jill*, qui signifient également des vases à boire, & des Domestiques mâles & femelles. Les *jacks* étant de cuir, ne pouvoient être brillans en dehors ; mais ils pouvoient contracter de la crasse en dedans ; les *jills*, étant de métal, devoient être brillans & nets en dehors, & n'étoient pas sujets à se crasser en dedans, comme le cuir.

fatigue, & puis, que mon maître & ma maîtresse sont tombés.

CURTIS.

Comment?

GRUMIO.

De leurs selles dans la boue; & là, il y a une histoire.

CURTIS.

Conte-nous-la, bon Grumio.

GRUMIO.

Approche ton oreille.

CURTIS.

La voilà.

GRUMIO, *lui donnant un coup sur l'oreille.*

Tiens.

CURTIS.

C'est-là sentir un conte, ce n'est pas l'écouter.

GRUMIO.

Et voilà pourquoi on l'appelle un conte sensible; & ce coup de poing n'étoit que pour frapper à la porte de ton oreille, & lui demander son attention. Maintenant, je commence. *Primo*, nous avons descendu une infâme colline, mon maître monté en croupe derriere ma maîtresse.

CURTIS.

Tous deux sur un cheval?

GRUMIO.

Que t'importe à toi?

CURTIS.

Hé bien! sur un cheval?

GRUMIO.

Conte l'histoire, toi. — Si tu ne m'avois pas interrompu mal-à-propos, tu aurois entendu comment le cheval est tombé, & elle sous le cheval; comment elle a été couverte de fange, comment il l'a laissée avec le cheval sur elle; comment il m'a battu, parce que le cheval s'étoit abattu; comme elle a passé à travers la boue pour me sauver de ses coups; comment il juroit; comment elle le supplioit: — elle qui au-paravant n'avoit jamais prié personne! comment je poussois des cris; comment les chevaux se sont évadés; comment sa bride s'est rompue; comment j'ai perdu ma croupiere: — avec mille autres circonstances mémorables ; lesquelles vont mourir dans l'oubli ; & toi, tu retourneras à ta fosse sans expérience.

CURTIS.

A ce compte, il est plus méchant Diable qu'elle.

GRUMIO.

Oui, oui, & toi, & le plus fier d'entre vous tous vont l'éprouver, quand il sera venu au logis. Mais, pourquoi m'amusois-je à te conter cela ? Appelle Nathaniel, Joseph, Nicolas, Philippe, Walter, Sucresoupe, & les autres ; qu'ils ayent grand soin que leurs têtes soient bien coëffées, leurs habits bleus bien brossés, & leurs jarretieres de nœuds de différentes couleurs (†). Qu'ils sachent faire la révérence de la jambe gauche, & ne s'avisent pas de toucher un poil de la queue du cheval de mon maître, qu'ils ne baisent leurs mains. Sont-ils tous prêts.

CURTIS.

Ils le font.

GRUMIO.

Appelle-les.

(†) On portoit en ce tems-là des jarretieres de différentes couleurs. MALONE.

CURTIS.

COMÉDIE.

CURTIS.

Entendez-vous, hola ? Il faut que vous ailliez au-devant de mon maître, pour faire honneur à ma maîtresse (†).

(†) 　　　GRUMIO.

Bah ! elle a des jambes.

CURTIS.

Qui ne fait pas cela ?

GRUMIO.

C'est toi, à ce qu'il semble ; toi, qui appelle de la compagnie pour la soutenir.

CURTIS.

Je les appelle, pour lui faire honneur.

GRUMIO.

Faire honneur ? Elle ne vient pas leur rien emprunter.

Tout ce dialogue est fondé sur l'équivoque d'un mot, qui signifie, soutenir & faire honneur.

SCENE III.

Les mêmes.

Paroissent quatre ou cinq LAQUAIS.

NATHANIEL.

Ha! bon jour, Grumio.

PHILIPPE.

Te voilà donc de retour, Grumio?

JOSEPH.

Hé bien, comment t'en va, Grumio?

NICOLAS.

Le camarade Grumio!

NATHANIEL.

Hé bien, mon pauvre enfant?

GRUMIO.

Salut à tous. —— Bon jour toi, & toi, & toi, camarade; allons, voilà assez de bonjours. —— A présent, mes braves compagnons, tout est-il prêt, tout est-il propre?

NATHANIEL.

Tout eſt en état : à quelle diſtance eſt notre maître ?

GRUMIO.

A deux pas d'ici, deſcendu ici près : ainſi, ne ſoyez pas.... Morbleu, ſilence ! j'entends mon maître.

SCÈNE IV.

Les mêmes.

PETRUCHIO, CATERINE.

PETRUCHIO.

Où ſont ces coquins ? Comment ! perſonne à la porte, pour me tenir l'étrier, & pour prendre mon cheval ? Où eſt Nathaniel, Grégoire, Philippe ?

Tous les LAQUAIS, *ſe préſentant.*

Me voici, me voici, Monſieur, me voici, Monſieur.

PETRUCHIO.

Me voici, Monſieur, me voici, Monſieur, me voici,

me voici. — Lourdauts de valets, grossiers animaux, quoi ! nulle attention, nulle prévenance, nul égard à votre devoir ? Où est ce fou, ce maraut que j'ai envoyé devant ?

GRUMIO.

Me voici, Monsieur, aussi fou que je l'étois auparavant.

PETRUCHIO.

Lourd manant ! race de canaille, cheval : ne t'ai-je pas ordonné de venir au-devant de moi dans le parc, & de m'amener ces coquins avec toi ?

GRUMIO.

L'habit de Nathaniel, Monsieur, n'étoit pas fini, & les souliers de Gabriel étoient tout décousus au talon; il n'y avoit point de noir de fumée pour colorer le chapeau de Pierre; & le couteau de chasse de Walter n'étoit pas revenu de chez le Fourbisseur, qui doit y mettre un fourreau. Il n'y avoit de prêts & d'ajustés que, Adam, Rodolphe & Grégoire; tous les autres étoient déguenillés, mal propres, & faits comme des mendians : mais, tels qu'ils sont, les voilà qui sont venus pour aller au-devant de vous.

PETRUCHIO.

Allez, canaille, allez me chercher le souper. (*Les Laquais sortent.*) (*Frédonnant un air*) — Où est la vie que je menois? — Assieds-toi, Catherine, & fois la bienvenue. (*frédonnant*) Doux, doux, doux!

SCÈNE V.

Les LAQUAIS *rentrent, apportant le souper.*

PETRUCHIO.

Hé bien, quand viendrez-vous? — Allons, ma chere & douce Catherine, égaie-toi. — Otez-moi mes bottes, marauts, misérables. — Quand, dis-je? (*il chante*). C'étoit un Moine gris qui se promenoit sur la route.... (†) Ote-toi de-là, misérable : tu me tords le pied. Prends cela, (*il le frappe*) & apprends à mieux tirer l'autre. — Égaie-toi donc, Catherine. — Apportez un peu d'eau ici, allons : hé bien?

(†) Fragment d'une ancienne balade.

(*Un Laquais entre apportant de l'eau.*) Où est mon épagneul Troïle ? — Coquin, sors d'ici, & va prier mon cousin Ferdinand (†) de venir nous trouver. — C'est un ami, Catherine, à qui il faudra que tu donnes un baiser, & avec qui il faut que tu fasses connoissance. — Où sont mes pantoufles ? — Hé bien, aurai-je de l'eau ? — Venez, Catherine, venez laver vos mains, & reprenez un peu de courage. (*au Laquais*) — Hé bien, maraut, tu veux donc répandre sur moi ?

CATHERINE.

Modérez-vous, je vous en prie: c'est une faute involontaire.

PETRUCHIO.

Scélérat, gros lourdaut, face à soufflets. — Allons, Catherine, asseyez-vous. Je sai, que vous avez appétit. Voulez-vous dire le *benedicite*, Catherine ? ou bien je le dirai, moi. — Qu'est-ce que cela ? du mouton ?

PREMIER LAQUAIS.

Oui, Monsieur.

(†) Le personnage ne paroît point dans la Pièce. Petruchio ne le cite, que pour faire croire à Catherine, que même ses parens sont soumis à ses ordres, comme son épagneul.

STEEVENS.

COMEDIE.

PETRUCHIO.
Qui l'a servi ?

LE LAQUAIS.
Moi.

PETRUCHIO.
Il est tout brûlé, & tout le souper aussi. Quelle canaille de Domestiques ! Où est ce maraut de Cuisinier ? Comment avez-vous eu l'audace, misérables, de le prendre à la cuisine, & de me le servir comme cela, à moi qui ne l'aime point ? Allons, remportez cela, couteaux, verres, & tout. (*Il jette le souper sur le plancher.*) Oh ! stupides automates, valetaille sans attention, sans égards ! Comment, vous murmurez, je crois, entre vos dents ? Je vais être à vous tout-à-l'heure.

CATHERINE.
Je vous en conjure, cher époux, ne vous emportez pas ainsi. Le souper étoit bien, si vous aviez voulu vous en contenter.

PETRUCHIO.
Je vous dis, Catherine, qu'il étoit brûlé, & tout desséché ; & l'on m'a expressément défendu d'en manger de la sorte, parce que cela engendre de

la bile, & aigrit l'humeur colérique; & il vaut encore mieux, pour nous, nous paſſer de ſouper, nous qui par notre conſtitution, ſommes iraſcibles, que de nous nourrir de pareille viande, deſſéchée à force de cuire... Soyez tranquille: demain cela ira mieux; mais pour ce ſoir, nous jeûnerons de compagnie. — Allons, venez, je vais vous conduire à votre appartement de nôces.

(Ils ſortent.)

SCENE VI.

Les LAQUAIS *rentrent par différentes portes.*

NATHANIEL.

As-tu jamais vu rien de pareil?

PIERRE.

Il la bat & la dompte avec ſes propres armes.

(Curtis reparoît.)

GRUMIO, à Curtis.

Où eſt-il?

CURTIS.

COMEDIE.

CURTIS.

Dans la chambre de Madame, où il fait un sermon pour l'exhorter à la continence; & il tempête, & il jure, & il crie; de façon que la pauvre chere dame ne fait à quelle place se mettre, & n'ose ni le regarder, ni ouvrir la bouche. Elle est immobile & troublée, comme une personne qu'on éveille en sursaut au milieu de son rêve. —Décampons, décampons: le voilà qui revient ici.

(Ils sortent)

SCÈNE VII.

PETRUCHIO, seul.

AINSI, j'ai commencé mon règne en habile politique, & j'ai l'espoir d'arriver heureusement à mon but. Mon faucon a maintenant l'appétit aiguisé par l'excès du jeûne; & jusqu'à ce qu'il s'apprivoise, il ne faut pas trop le gorger de nourriture: car alors il ne daigne plus arrêter ses yeux sur le leurre (§).

___

(§) Un faucon trop bien nourri ne pouvoit être dressé. Le leurre étoit une imitation de l'oiseau, qu'on vouloit

J'ai encore un autre moyen de façonner mon faucon sauvage, & de lui apprendre à revenir, & à connoître la voix de son maître : c'est de la veiller, comme on veille sur ces Milans, qui résistent & se rebellent, & ne veulent pas obéir : elle n'a goûté de rien aujourd'hui, & elle ne goûtera de rien encore. La nuit derniere elle n'a pas dormi, & elle ne dormira pas encore cette nuit, & je saurai, comme j'ai fait au souper, trouver quelque défaut imaginaire à la façon dont le coucher sera fait ; & alors, je ferai voler l'oreiller d'un côté, les draps de l'autre. — Oui, & au milieu de ce vacarme, je prétendrai que tout ce que j'en fais, c'est par égard pour elle ; & pour conclusion, elle veillera toute la nuit ; & si elle vient à fermer les paupieres, je crierai, je tempêterai, & la tiendrai sans cesse éveillée par mes clameurs. Voilà le vrai secret de tuer une femme par excès d'égards (§), & comme cela, je viendrai à bout de plier, de dompter son

---

apprendre au faucon à poursuivre. L'usage du *Leurre* étoit de rappeller le faucon, lorsqu'il s'étoit envolé.

STEEVENS.

(§) Allusion à une Pièce de Greywood, intitulée : *La Femme tuée à force de caresses*.

humeur hautaine & intraitable. — Que celui qui faura mieux les moyens de mettre une méchante femme à la raifon, parle & m'apprenne fa recette. — C'eft une charité, que d'enfeigner ce fecret.

(*Il fort.*)

SCÈNE VIII.

La Scène eft devant la Maifon de BAPTISTA.

TRANIO & HORTENSIO.

TRANIO.

Est-il poffible, ami Licio, que la jeune Bianca en aime un autre, que Lucentio ? Je vous dis, moi, Monfieur, qu'elle me donne les plus belles efpérances.

HORTENSIO.

Monfieur, pour vous prouver la vérité de ce que j'avance, tenez-vous à l'écart, & obfervez la maniere dont il lui donne fa leçon.

(*Ils fe tiennent de côté pour obferver* BIANCA *avec fon prétendu Maître.*)

SCENE IX.

BIANCA & LUCENTIO.

LUCENTIO.

Hé bien, Mademoiselle, profitez-vous dans vos lectures ?

BIANCA.

Quelles lectures entendez-vous, mon maître ? Répondez-moi d'abord à cela.

LUCENTIO.

Je lis ce que je professe, l'art d'aimer.

BIANCA.

Et puissiez-vous, Monsieur, devenir maître dans votre Art !

LUCENTIO.

Oh ! je le serai, chere Bianca, tant que vous serez la maitresse de mon cœur. (*Ils s'enfoncent encore dans le fond du Théâtre.*)

HORTENSIO.

C'est aller vîte en amour, vraiment ! — Hé

bien, à préfent, qu'en dites-vous, je vous prie, vous qui ofiez jurer que votre maitreffe Bianca n'aimoit perfonne au monde auffi tendrement que Lucentio ?

TRANIO.

O maudit amour ! ô fexe inconftant ! — Je vous déclare, Licio, que cela me confond d'étonnement.

HORTENSIO.

Ne vous y méprenez pas plus long-tems ; je ne fuis point Licio, ni un Muficien, comme je paroîs l'être ; mais un homme qui dédaigne de vivre davantage fous ce déguifement, pour l'amour d'une créature qui abandonne un Gentil-homme, pour fe faire un Dieu d'un pareil eftafier : apprenez, Monfieur, que je m'appelle Hortenfio.

TRANIO.

Seigneur Hortenfio, j'ai fouvent ouï parler de votre affection extrême pour Bianca ; & puifque mes yeux font témoins de fa légereté, je veux, avec vous, fi ce parti vous plaît, abjurer Bianca, & mon amour pour jamais.

HORTENSIO.

Voyez comme ils se baisent & se caressent! — Seigneur Lucentio, voici ma main, & je fais le ferment irrévocable, de ne plus lui faire ma cour; mais de la renoncer comme un objet indigne des faveurs & des tendresses, que je lui ai follement prodiguées jusqu'ici.

TRANIO.

Et moi, je fais ici le même ferment sincère, de ne jamais l'épouser, quand elle m'en prieroit : honte sur elle! Voyez avec quelle indécence elle lui fait des avances!

HORTENSIO.

Je voudrois que tout le monde, hors ce manant, eût pour jamais renoncé à elle ! Pour moi, afin de tenir inviolablement mon ferment, je veux être marié à une riche veuve, avant qu'il se passe trois jours. Cette veuve m'a long-tems aimé, tandis que j'aimois, moi, cette femme ingrate & dédaigneuse; & dans ce dessein, je prends congé de vous. Adieu, Seigneur Lucentio. — Ce sera la tendresse, & non pas la beauté des femmes, qui désormais gagnera mon amour. — Adieu, je vous quitte, dans la ferme résolution, que j'ai fait serment d'exécuter. (*Hortensio sort.*)

TRANIO.

Belle Bianca, que le Ciel vous donne toutes les bénédictions qui peuvent rendre un amant heureux! Je vous ai joué-là un beau stratagême, & j'ai fait avec Hortensio de beaux sermens de renoncer à vous.

(LUCENTIO & BIANCA *reviennent sur le devant de la Scène.*)

BIANCA.

Tranio, vous plaisantez : est-il vrai, que vous m'avez renoncée tous deux?

TRANIO.

Rien n'est plus vrai, Mademoiselle.

LUCENTIO.

Nous sommes donc débarrassés de Licio?

TRANIO.

Oui vraiment : il va de ce pas se venger sur une veuve encore verte : lui faire sa cour & l'épouser, feront l'affaire d'un jour.

BIANCA.

Dieu l'y conduise en joie !

TRANIO.

Oui, oui, & il la mettra à la raison.

BIANCA.

C'est ainsi qu'il s'est exprimé, Tranio ?

TRANIO.

D'honneur, il est allé à l'école où l'on met les femmes à la raison.

BIANCA.

Quelle est cette école ? En quel lieu est-elle située ?

TRANIO.

Oui, Mademoiselle, elle éxiste ; & c'est Petruchio qui en est le maître : c'est-lui qui enseigne je ne sai combien de douzaines de tours, pour réduire une méchante femme, charmer sa langue querelleuse, & lui imposer silence.

SCÈNE

SCÈNE X.

Les mêmes.

BIONDELLO *accourt.*

BIONDELLO.

Oh, mon maître; j'ai tant veillé, que je suis las comme un chien; mais à la fin, je me suis procuré un vénérable & honnête homme, qui descend la colline, & qui nous servira dans nos vues.

TRANIO.

Qu'est-ce qu'il est, Biondello ?

BIONDELLO.

Mon Maître, c'est un Marchand, ou un pédant; je ne sai lequel : mais grave dans son maintien, il a toute la démarche & la contenance d'un pere.

LUCENTIO.

Et que ferons-nous de lui, Tranio ?

TRANIO.

S'il veut se laisser persuader, & croire à ce que

je lui dirai, je l'engagerai à paroître sous le personnage de Vincentio, & à se porter pour caution à Baptista Minola, comme s'il étoit le véritable Vincentio. Faites rentrer votre amante, & laissez-moi seul.

(*Lucentio & Bianca sortent.*)

SCÈNE XI.

TRANIO, BIONDELLO, *le* PÉDANT, *ou* MAÎTRE DE LANGUES.

LE PÉDANT (†).

Salut, Monsieur.

TRANIO.

Salut aussi à vous, Monsieur : vous êtes le bienvenu. Voyagez-vous loin, ou êtes-vous au terme de votre route ?

LE PÉDANT.

Au terme, Monsieur, pour une semaine ou deux

___

(†) Pédant étoit le nom vulgaire d'un Maître de Langues.

au plus; mais après ce tems, je vais plus loin, & jusqu'à Rome, & de-là à Tripoli, si Dieu me prête vie.

TRANIO.

De quel pays, je vous prie?

LE PÉDANT.

De Mantoue.

TRANIO.

De Mantoue, Monsieur? ô ciel! à Dieu ne plaise! & vous venez à Padoue, exposant ainsi votre vie?

LE PÉDANT.

Ma vie, Monsieur? Comment, je vous prie? car cela est sérieux.

TRANIO.

Il y a la mort pour tout habitant de Mantoue, qui vient à Padoue : est-ce que vous n'en savez pas la cause? Vos vaisseaux sont arrêtés à Venise; & le Duc, pour une querelle particuliere élevée entre lui & votre Duc, a fait publier & proclamer cette peine par-tout. Il est bien étonnant, que vous n'ayez pas entendu cette proclamation sur tout le territoire; il faut que vous ne fassiez que d'arriver dans le pays.

LE PÉDANT.

Hélas, Monsieur! il y a encore de plus grands

malheurs que cela pour moi ; car, j'ai avec moi des lettres de change de Florence, qu'il faut que je rende ici.

TRANIO.

Hé bien, Monsieur ; pour vous obliger, je veux bien le faire, & je vous donnerai de bons moyens. — D'abord, dites-moi : avez-vous jamais été à Pise ?

LE PÉDANT.

Oui, Monsieur ; j'ai souvent été à Pise : Pise est une ville fameuse, par la gravité & l'importance de ses citoyens.

TRANIO.

Connoissez-vous, parmi eux, un certain Vincentio ?

LE PÉDANT.

Je ne le connois pas ; mais j'ai entendu parler de lui : c'est un Négociant d'une richesse incomparable.

TRANIO.

Il est mon pere, Monsieur ; & à dire la vérité, il a un peu de votre air & de votre maintien ; il vous ressemble.

BIONDELLO, *à part.*

Comme une pomme ressemble à une huître; c'est toute la même chose.

TRANIO.

Pour mettre vos jours en sûreté dans ce péril extrême, je vous ferai ce plaisir à sa considération; & ne croyez pas que ce soit un malheur pour vous d'avoir quelque ressemblance avec M. Vincentio. Vous prendrez son nom, vous jouirez de son crédit, & vous serez logé comme un ami dans ma maison. — Songez à jouer votre rôle, comme il convient; vous m'entendez, Monsieur? Vous resterez chez moi, jusqu'à ce que vous ayez terminé vos affaires dans la ville : si ce service vous oblige, Monsieur, acceptez-le.

LE PÉDANT.

Oh! Monsieur, bien volontiers; & je vous regarderai toujours comme le protecteur de ma vie & de ma liberté.

TRANIO.

Allons, venez donc avec moi, pour mettre notre projet en train, & écouter ce que je vais vous dire en chemin. — Mon pere est attendu d'un jour à l'autre pour être caution d'un douaire dans le mariage entre moi & une des filles de Baptista, citoyen de cette ville : je vous mettrai au fait de toutes les circonstances. Venez avec moi, Monsieur, pour vous habiller comme il convient que vous soyez.

(Ils sortent.)

SCENE XII.

CATHERINE, GRUMIO.

GRUMIO.

Non, non, en vérité : je n'oserois pas, sur ma vie.

CATHERINE.

Plus il me vexe, & plus son méchant caractère se décele. Quoi ! m'épouser pour me faire mourir de faim ? Les mendians qui viennent à la porte de mon pere, après la moindre prière, obtiennent une prompte aumône ; ou, si on la leur refuse, ils trouvent des charités ailleurs. Mais moi, qui n'ai jamais su prier, & qui jamais n'avois eu besoin de prier, je suis affamée de besoin, étourdie & chancelante d'insomnie & de fatigue; on me tient éveillée par des juremens; on me nourrit de clameurs & d'emportemens : & ce qui me dépite encore plus que toutes ces privations, c'est qu'il prétend me prouver par-là le plus parfait amour. On diroit, à l'entendre, que si je goûtois de quelques mets, ou quelques heures de sommeil, je tomberois aussi-tôt malade, ou que j'en mourrois. — Je te prie, Grumio, va me chercher quelque chose à manger ; je ne m'embarrasse pas quoi, pourvu que ce soit un mets sain.

GRUMIO.

Que dites-vous d'un pied de bœuf ?

CATHERINE.

Cela est exquis ; je t'en prie, fais-m'en avoir.

GRUMIO.

Je crains, que ce ne soit un mets trop flegmatique : & du boudin gras, bien grillé, comment trouvez-vous cela ?

CATHERINE.

Je les aime beaucoup. Bon Grumio, va m'en chercher.

GRUMIO.

Je ne fai pas trop : je crains que ce ne foit un mets trop bilieux : que dites-vous d'une tranche de bœuf, avec de la moutarde ?

CATHERINE.

C'eft un mets que j'aime.

GRUMIO.

Oui : mais la moutarde eft un peu trop chaude.

CATHERINE.

Hé bien, la tranche de bœuf, & je me pafferai de moutarde.

GRUMIO.

Non, je ne veux pas : vous aurez la moutarde, ou vous n'aurez point de tranche de bœuf de Grumio.

CATHERINE.

Hé bien, tous les deux, ou l'un fans l'autre; tout ce que tu voudras.

GRUMIO.

Hé bien, la moutarde donc fans le bœuf ?

CATHERINE.

Veux-tu fuir, efclave fourbe, & qui te plais à m'infulter.

COMÉDIE.

m'infulter : (*elle le bat*) toi, qui me nourris ici du nom des viandes (†). Malheur fur toi, & fur tes pareils ici, qui fe font une jouiffance de ma mifere ! Sors, & difparois de mes yeux, te dis-je.

SCENE XIII.

Les mêmes.

PETRUCHIO & HORTENSIO,
avec un plat de viande qu'ils apportent.

PETRUCHIO.

Comment fe porte ma chere Catherine ? Quoi ! mon cœur, toute confternée ?

HORTENSIO.

Hé bien, Madame, comment vous trouvez-vous ?

(†) Cette fcène reffemble un peu au dîner de Sancho Gouverneur de l'Ifle de Barataria, qui meurt de faim au milieu des plats, qu'on enlève par ordre du Médecin.

CATHERINE.

Oh! aussi froide, aussi glacée, qu'il est possible de l'être.

PETRUCHIO.

Allons, ranimez vos esprits : montrez-moi un œil serein & gai. Approchez, mon amour, & mettez-vous à table : vous voyez mon empressement & mes soins, pour vous préparer moi-même ce mets, & vous l'apporter. Je suis sûr, chere Catherine, que ce zèle de ma tendresse mérite des remercîmens. —Quoi! pas un mot? Allons, vous n'aimez pas cela; & toutes mes peines restent sans fruit. (*à un Laquais*) Vîte, ôtez ce plat.

CATHERINE.

Je vous en prie, qu'il reste.

PETRUCHIO.

Le plus petit service est payé de reconnoissance; & il faut que le mien reçoive son prix, avant que vous touchiez à ce mets.

CATHERINE.

Je vous remercie, Monsieur.

HORTENSIO.

Allons; fi, Seigneur Petruchio: vous avez tort. — Venez, Madame; je vous tiendrai compagnie.

PETRUCHIO, *bas à* HORTENSIO.

Tâche de le manger tout entier, Hortenfio, fi tu as de l'amitié pour moi. — (*à Catherine*) Je fouhaite que cela faffe beaucoup de bien à ton cher petit cœur! — Allons, Catherine, mangez vîte. — Et à préfent, ma douce amie, nous allons retourner à la maifon de votre pere, & nous y réjouir dans la parure la plus brillante, robe de foie, chapeaux élégans, beaux anneaux d'or, fraifes, manchettes, vertugadins, & autres pompons, avec des écharpes, des éventails, & double parure à changer; des bracelets d'ambre, des colliers, & tout l'attirail de la toilette. — Allons, as-tu dîné? Le tailleur attend, pour orner ta perfonne de fes riches & brillantes étoffes.

SCENE XIV.

Les mêmes.

PETRUCHIO.

(*Un Garçon de Tailleur pour femmes, portant une robe.*)

Allons, Tailleur, entrez : voyons cette parure. Déployez la robe. (*Entre un Chapelier.*) Et vous, qu'apportez vous ?

LE CHAPELIER.

Voici le chapeau, que Monsieur m'a commandé.

PETRUCHIO.

Allons donc : il est monté sur la forme d'une écuelle : c'est un plat en velours. Fi, fi, une enseigne de débauche & de mauvaises mœurs. — Bon c'est une vraie coquille, une écaille de grosse noix, un hochet, un jouet de poupée, un chapeau d'enfant. — Allons, ôtez-moi cela, & apportez-m'en un plus grand.

COMÉDIE.

CATHERINE.

Je n'en veux pas un plus grand ; il est de mode : & les Dames comme il faut portent les chapeaux dans ce goût-là.

PETRUCHIO.

Quand vous serez douce, vous en aurez un aussi, pas avant.

HORTENSIO, *à part.*

En ce cas, cela ne sera pas si-tôt.

CATHERINE.

Mais, Monsieur, je crois, que j'aurai du moins la liberté de parler ; & je prétends parler (†). Je ne suis pas un enfant dans les langes. Des gens qui va-

---

(†) Shakespeare a bien copié la nature. Petruchio, en effrayant sa femme, & la fatiguant de jeûnes & d'insomnie, l'a adoucie & amenée à l'obéissance & la soumission ; & les spectateurs n'attendent plus un mot de contradiction de la part de cette femme : mais, lorsqu'elle se voit contrariée sur l'article de la parure & de la coquetterie, la folie la plus invétérée du sexe, son caractère reparoît, & elle se livre encore une fois à tout son emportement. *Warburton.* Un Philosophe plus impartial, n'auroit pas borné cette remarque à

loient mieux que vous, ne m'ont pas empêché de dire ma pensée; & si vous ne pouvez pas m'entendre parler, bouchez-vous les oreilles. Ma langue veut exhaler tout le courroux de mon cœur, ou mon cœur, à force de se contraindre, se brisera, & plutôt que de m'exposer à ce malheur, je prendrai jusqu'à la fin la liberté de parler, s'il me plaît.

PETRUCHIO.

Oui, vous avez raison : c'est un vilain chapeau, un cornet de pain d'épices, un colifichet, un gâteau en soie. — Je vous aime beaucoup, de ce qu'il vous déplaît.

CATHERINE.

Aimez-moi, ou ne m'aimez pas : moi, j'aime ce chapeau, & je l'aurai, ou je n'en aurai point d'autre.

PETRUCHIO.

Quoi ! votre robe ? la voulez-vous ? — Allons,

---

notre sexe; les hommes sont aussi violens & aussi obstinés dans leurs passions : une coquille, une tulipe les rendent fous. En général, toutes nos fantaisies, tous nos désirs ardens, excepté celui de la vertu, sont également ridicules & frivoles dans les deux sexes.

Me GRIFFITH.

Tailleur, voyons-la. O merci de Dieu ! quelle est cette étoffe de mascarade : qu'est-ce que c'est que cela ? une manche !... On diroit que c'est un demi-canon : comment, haut & bas, taillé comme une tarte de pommes ; ici une coupure, un pli, puis un trou comme à un encensoir de barbier (†). Et de par tous les Diables, Tailleur, comment nommes-tu cela ?

HORTENSIO, à part.

Elle a bien l'air, je crois, de n'avoir ni chapeau, ni robe.

LE TAILLEUR.

Vous m'avez recommandé de la faire comme il faut, suivant la mode & le goût.

PETRUCHIO.

Oui, je vous l'ai recommandé. Mais, si vous avez de la mémoire, je ne vous ai pas dit de la gâter par mode. Allez, sautez-moi vîte les ruisseaux jus-

---

(†) Les encensoirs ne sont plus d'usage chez les Barbiers ; c'étoient de petits vases, qui, pour donner passage à la fumée, étoient percés de beaucoup de trous.

JOHNSON.

que chez vous ; car vous n'aurez point ma pratique. Je ne veux point de cela, l'ami. Allez, faites-en votre profit.

CATHERINE.

Je n'ai jamais vu de robe mieux faite, plus décente, plus charmante & plus noble. Il me paroît que votre intention est de m'habiller en poupée.

PETRUCHIO.

Oui, c'est bien dit : cet homme veut faire de toi une poupée.

LE TAILLEUR.

Madame dit que c'est vous, Monseigneur, qui voulez faire une poupée d'elle.

PETRUCHIO.

O excès d'insolence ! Tu mens, fil, dé à coudre, aune, trois quarts, demi-aune, quart, clou, infecte, lente, grillon d'hiver (§). Je me verrai bravé chez moi

---

(§) Le métier de Tailleur ayant quelque chose d'efféminé, a toujours été en butte aux sarcasmes & au mépris chez les Anglois chagrins.

JOHNSON.

par

par un écheveau de fil ! Sors d'ici, lambeau, rognure, ou je vais si bien te mesurer avec ton aune, que tu te souviendras de ton impertinent babil, le reste de ta vie ! Je te dis, encore une fois, moi, que tu as gâté sa robe.

LE TAILLEUR.

Monseigneur est dans l'erreur. La robe est faite précisément dans le goût que mon maître l'a commandé ; Grumio a donné les ordres, comment elle devoit être faite.

GRUMIO.

Je n'ai point donné d'ordres, moi ; je n'ai fait que lui remettre l'étoffe.

LE TAILLEUR. à GRUMIO.

Mais, comment avez-vous demandé qu'elle fût faite ?

GRUMIO.

Parbleu, avec une aiguille & du fil.

LE TAILLEUR.

Mais, n'avez-vous pas demandé qu'on la taillât (§) ?

_____

(§) GRUMIO.
Vous avez bordé plusieurs robes ?

GRUMIO.

Je vous dis, que j'ai commandé à votre maître de tailler la robe ; mais je ne vous ai pas dit de la tailler en pièces : Ergo, vous mentez.

LE TAILLEUR.

Voici la note de la façon ; elle fera preuve.

PETRUCHIO.

Lisez-la.

GRUMIO.

La note est dans son gosier ; s'il soutient que j'aie dit cela....

LE TAILLEUR.

Cela est vrai.

GRUMIO.

Ne me *facez* pas. Vous avez fait plusieurs personnes braves ; ne me bravez pas, moi : je ne veux ni être *facé*, ni être bravé.

Autant de mauvaises pointes fondées sur des mots à double sens.

LE TAILLEUR.

D'abord, une robe ample & large (†).

GRUMIO.

Ami, si j'ai jamais parlé d'une ample & large robe, cousez-moi dans les pans de la robe, & battez-moi jusqu'à la mort avec un peloton de fil brun. J'ai dit, une robe.

PETRUCHIO, au TAILLEUR.

Continuez.

LE TAILLEUR.

Avec un petit collet rond.

GRUMIO.

Je conviens du collet.

LE TAILLEUR.

Avec manches retroussées.

GRUMIO.

Je conviens de deux manches.

(†) Ces robes étoient ordinairement l'habit des filles de joie.

STÉVENS.

LE TAILLEUR.

Deux manches élégamment taillées.

PETRUCHIO.

Oui : voilà la sottise.

GRUMIO.

Erreur dans la note, ami ; erreur dans la note. J'ai commandé que les manches fussent coupées, & ensuite recousues ; & cela, je le prouverai contre vous, quoique votre petit doigt soit orné d'un dé à coudre.

LE TAILLEUR.

Ce que je dis, est la vérité ; & si je te tenois en lieu convenable, je te la ferois sentir.

GRUMIO.

Je suis à toi dans le moment ; prends la note, & donne-moi ton aune, & après, ne me ménage pas.

HORTENSIO.

Vraiment, Grumio ; il n'auroit pas l'avantage des armes.

PETRUCHIO.

Allons, mon ami; en deux mots, cette robe n'est pas pour moi.

GRUMIO.

Vous avez raison, Monsieur; c'est pour ma maîtresse.

PETRUCHIO, au TAILLEUR.

Allons, remportez-la, & que votre maître en fasse l'usage qu'il lui plaira.

GRUMIO.

Misérable ! sur ta vie, ne t'en avise pas : prendre la robe de ma maitresse pour l'usage de ton maître !

PETRUCHIO.

Quoi donc, Grumio ? quelle est ton idée ?

GRUMIO.

Oh ! Monsieur, l'idée est plus profonde que vous ne croyez ; prendre la robe de ma maitresse pour l'usage de son maître ! Fi, fi, fi.

PETRUCHIO, *à part, à Hortensio.*

Hortensio, dis que tu veux voir le Tailleur payé. — (*au Garçon*) Allons, prends-la, fors, & ne réplique pas un mot.

HORTENSIO.

Tailleur, je te paierai la robe demain. Ne t'offense pas de ces duretés, qu'il te dit dans son emportement : va-t-en, te dis-je : mes complimens à ton maître, garçon.

(*Le TAILLEUR fort remportant la robe.*)

PETRUCHIO.

Allons, venez, Catherine; nous irons voir votre pere dans ces habillemens, simples & honnêtes; nos bourses seront fières, si nos habits sont humbles; car, c'est l'ame qui rend le corps riche. Et comme le soleil perce les nuages les plus ténébreux, l'honneur de même perce à travers l'habit le plus grossier. Quoi! le geai est-il plus précieux que l'alouette, parce que son plumage est plus beau? ou, le serpent vaut-il mieux que l'anguille, parce que sa peau bigarrée charme l'œil? Oh! non, non, chere Catherine; &

toi, tu ne vaux pas moins ton prix, pour être vêtue de cette robe fimple, & de cette parure mefquine. Si tu crois qu'il y ait de la honte, mets-la fur mon compte. Allons, fois joyeufe; nous allons partir fur le champ, pour aller nous réjouir, & célébrer la fête à la maifon de votre pere. (*à un de fes gens*) Allez, appellez mes gens —Allons le trouver fans délai.—Amène nos chevaux au bout de la longue ruelle, nous monterons-là, & jufques-là, nous irons à pied en nous promenant. — Voyons: je crois qu'il eft environ fept heures, & nous pouvons fort bien y arriver pour dîner.

CATHERINE.

J'ofe vous affurer, Monfieur, qu'il eft prefque deux heures, & il fera l'heure du souper, avant que nous y foyons arrivés.

PETRUCHIO.

Il fera fept heures avant que je monte à cheval. —Voyez; tout ce que je dis, ce que je fais, ou ce que j'ai le projet de faire; vous êtes toujours à me contredire. — (*à fes gens*) Allons, laiffez; je n'irai pas aujourd'hui; ou avant que j'y aille, il fera l'heure que je dis qu'il eft.

HORTENSIO.

Oui ! le galant commande sûrement au soleil.

(PETRUCHIO, CATHERINE, & HORTENSIO *sortent.*)

Fin du quatrieme Acte.

ACTE V.

SCÈNE PREMIERE.

La Scène est devant la Maison de BAPTISTA.

TRANIO & le PÉDANT *vêtu comme* VINCENTIO.

TRANIO.

Ami, voici la maison; voulez-vous que j'appelle?

LE PÉDANT.

Oui, qu'attendre? — Et je serois bien trompé, si le Signor Baptista pouvoit se rappeller ma figure, depuis vingt ans passés que nous étions à Gênes, logés ensemble à l'auberge du Pégase (†).

(†) Shakespeare enlève ici une enseigne d'une hôtellerie de Londres, & vous la suspend sans façon à Gênes.

TRANIO.

Tout ira bien ; & faites bien votre rôle, dans tous les cas, avec le sérieux & la gravité qui conviennent à un pere.

SCÈNE II.

Les mêmes.

BIONDELLO.

LE PEDANT, *répondant à* TRANIO.

JE vous réponds de moi. — Mais, Monsieur, voici votre valet qui vient ; il seroit à propos, qu'on lui fît la leçon.

TRANIO.

Oh ! n'ayez pas d'inquiétude sur son compte. — Hola, Biondello ; songe à bien faire ton devoir ponctuellement, je t'en avertis : mets-toi bien dans la tête, que tu vois le véritable Vincentio.

BIONDELLO,

Bah ! ne soyez pas inquiet de moi.

TRANIO.

Mais, as-tu fait ton message à Baptista ?

BIONDELLO.

Je lui ai annoncé, que votre pere étoit à Venise, & que vous l'attendiez aujourd'hui même dans Padoue.

TRANIO.

Tu es un brave garçon : tiens, voilà pour boire. — J'apperçois Baptista. (*au Pédant*) Prenez votre maintien, Monsieur.

SCÈNE III.

Les mêmes.

BAPTISTA, LUCENTIO.

TRANIO.

Signor Baptista, nous vous rencontrons fort à propos. — Monsieur, voilà l'honnête homme dont je vous ai parlé. — (*au Pédant*) Je vous en conjure, soyez, en ce moment, un bon pere pour moi ; donnez-moi Bianca pour mon patrimoine.

LE PÉDANT.

Doucement, mon fils. — (*à Baptista*) Monsieur, veuillez m'entendre. Étant venu à Padoue pour recueillir quelques sommes qui me sont dûes, mon fils Lucentio m'a instruit d'une grande affaire d'amour entre votre fille & lui; & d'après le bien que j'entends dire de vous, & l'amour que mon fils porte à votre fille, & celui qu'elle a pour lui.... Afin de ne pas le tenir plus long-tems en suspens, je suis consentant, en bon & tendre pere, de le voir conclurre cet accord; & si le parti ne vous déplaît pas plus qu'à moi, Monsieur, après quelques conventions, vous me trouverez tout prêt & volontiers disposé à donner à cette alliance un plein consentement; car je n'y regarderai pas de si près avec vous, Signor Baptista, dont j'entends parler si avantageusement.

BAPTISTA.

Monsieur, daignez m'excuser dans ce que je vais vous dire. — Votre maniere franche, & qui abrége les détours, me revient infiniment : il est très-vrai que votre fils Lucentio aime ma fille, & qu'il est aimé d'elle; ou bien tous les deux dissimulent profondément leurs sentimens; en conséquence, dites seulement un mot, dites que vous en uferez avec votre fils comme un bon pere, & que vous affûrerez à ma fille un douaire fuffifant, & le marché eft conclu, tout eft dit. Votre fils aura ma fille de mon plein confentement.

TRANIO.

Je vous rends graces, Monfieur. — Allons, où jugez-vous qu'il faut nous aller fiancer, & qu'on pourra paffer le contrat qui doit affûrer les engagemens mutuels des parties?

BAPTISTA.

Non pas dans ma maifon, Lucentio; car, vous favez que les murs ont des oreilles (†); & que j'ai une foule de Domeftiques curieux. D'ailleurs, le vieux Dremio eft toujours aux aguets, & nous pourrions bien nous voir interrompus & traverfés.

TRANIO.

Hé bien, ce fera à mon hôtel, fi vous le trouvez bon, Monfieur. C'eft-là que loge mon pere; & là, nous arrangerons l'affaire ce foir, entre nous, &

(†) Proverbe. Ce que l'enfant dit au fouyer, eft bientôt cogneu au mouftier.

sans trouble. Envoyez chercher votre fille par votre Domestique, que voilà. Le mien ira chercher le Notaire dans l'instant. Le malheur est que, faute d'être prévenu, vous avez tout l'air de faire fort maigre chère chez moi.

BAPTISTA.

Je serai content. — (*à Lucentio, qui sert chez Baptista sous le nom de Cambio*) Cambio, va-t-en au logis, & dis à Bianca de s'habiller promptement; & si tu veux, tu l'informeras de ce qui se passe. — Dis, que le pere de Lucentio est arrivé à Padoue, & comment il est tout-à-fait probable, qu'elle sera la femme de Lucentio.

LUCENTIO.

Je prie les Dieux, qu'elle le devienne; oh! de tout mon cœur.   (*Il sort.*)

TRANIO.

Ne t'amuse point avec les Dieux; mais pars vîte. — Signor Baptista, vous montrerai-je le chemin? Vous serez le bienvenu : un seul plat fera toute votre chère; mais enfin, venez, nous nous en vengerons à Pise.

BAPTISTA.

Je vous suis.   (*Ils sortent.*)

SCÈNE IV.

LUCENTIO revient, BIONDELLO est resté.

BIONDELLO, à LUCENTIO.

Cambio !

LUCENTIO.

Que me veux-tu, Biondello ?

BIONDELLO.

Vous avez vu mon maître cligner de l'œil, & sourire sur vous ?

LUCENTIO.

Hé bien, qu'est-ce que cela veut dire ?

BIONDELLO.

Oh ! rien. Mais il m'a laissé ici derriere les autres, pour expliquer le sens & la moralité de ses signes & gestes.

LUCENTIO.

Je te prie, voyons ton interprétation.

BIONDELLO.

La voici. Baptifta eft en fort bonnes mains, ayant à traiter avec le pere impofteur d'un fourbe de fils.

LUCENTIO.

Et que veux-tu dire de lui ?

BIONDELLO.

Sa fille doit être amenée par vous au fouper.

LUCENTIO.

Enfuite.

BIONDELLO.

Un vieux Prêtre de l'Eglife Saint-Luc attend vos ordres à toutes les heures.

LUCENTIO.

Et la fin de tout cela ?

BIONDELLO.

Ah ! je ne faurois vous dire.... Excepté qu'ils font occupés à dreffer un faux acte de cautionnement. — Affûrez-vous d'elle, vous, avec privilége exclufif (§). — Prenez à l'Eglife le Prêtre, le Clerc,

---

(§) *Cum privilegio ad imprimendum folum.*

&

COMEDIE.

& des témoins suffisans. Si ce ne sont pas-là vos intentions, je n'ai plus le mot à vous dire; & vous pouvez dire adieu à Bianca pour une éternité & un jour.

LUCENTIO.

Écoute-moi, Biondello.

BIONDELLO.

Je ne peux rester plus long-tems: j'ai connu une fille mariée en une après-midi, comme elle alloit au jardin cueillir du persil pour farcir un lapin; vous pourriez bien vous marier de même, Monsieur, & sur ce, adieu, Monsieur: mon maître m'a enjoint d'aller à l'Eglise de Saint-Luc, dire au Prêtre de se tenir prêt à venir, dès que vous arriverez avec votre suivante.

(*Il sort.*)

LUCENTIO.

Je le pourrois bien, & le veux bien, si cela la satisfait. Hé! pourquoi douterois-je de sa volonté? Arrive ce qui voudra, j'irai rondement avec elle; il y aura bien du malheur, si Cambio revient sans elle.

(*Il sort.*)

SLY.

Simon, faut-il qu'on les marie à présent?

SCÈNE V.

La Scène repréſente une longue Ruelle.

PETRUCHIO, CATHERINE, & HORTENSIO.

PETRUCHIO.

ALLONS, avancez, au nom de Dieu : encore un coup, à la maiſon de notre beau-pere. — Grand Dieu ! que la lune eſt belle & claire !

CATHERINE.

La lune ! c'eſt le ſoleil : il n'y a pas de clair de lune à préſent.

PETRUCHIO.

Je dis, que c'eſt la lune qui brille ainſi.

LE LORD.

Oui, Milord.

SLY.

Vois, Simon, voilà ce fou qui revient.

CATHERINE.

Et moi, je fai bien que c'eſt le ſoleil qui brille à préſent.

PETRUCHIO.

Oh! par le fils de ma mere (& ce fils, c'eſt moi-même) ce ſera la lune, ou une étoile, ou tout ce que je veux, avant que je continue ma route vers la maiſon de votre pere. — Allez, & retournez la bride à nos chevaux. — Toujours contrarié, contrarié! jamais que des contradictions!

HORTENSIO, à CATHERINE.

Dites comme lui, ou nous n'arriverons jamais.

CATHERINE.

Je vous en prie, puiſque nous ſommes venus ſi loin, continuons, & que ce ſoit la lune, ou le ſoleil, ou tout ce qu'il vous plaira. Et, s'il vous plaît de dire, que c'eſt une chandelle de nuit, je vous jure que déſormais c'en ſera une pour moi.

PETRUCHIO.

Je dis que c'eſt la lune.

CATHERINE.

Je le ſai bien, que c'eſt la lune.

PETRUCHIO.

Allons, vous mentez : c'est le bienfaisant soleil.

CATHERINE.

Hé bien, Dieu soit béni ; c'est le bienfaisant soleil : mais ce n'est plus le soleil, dès que vous dites que ce n'est pas le soleil ; & la lune change au gré de votre idée. Ce sera telle chose, que vous voudrez la nommer ; & ce sera toujours la même chose pour Catherine, que pour vous.

HORTENSIO.

Allons, Petruchio, poursuivez ; le champ de bataille est à vous.

PETRUCHIO.

Allons, en avant, en avant : voilà comme la boule doit rouler, sans contradiction, & ne pas donner gauchement contre la butte.—Mais, silence : voici de la compagnie qui vient.

COMEDIE.

SCÈNE VI.

Les mêmes.

Le véritable VINCENTIO.

PETRUCHIO, *au vieillard.*

Bon jour, aimable Demoiselle ; où allez-vous de ce pas ? — (*à Catherine*) Dites-moi, ma chere Catherine, & parlez-moi franchement : avez-vous jamais vu une Demoiselle dont le teint soit plus frais ? Quel joli combat de lys & de roses sur ses joues ! Quelles étoiles font briller le firmament d'une lumiere aussi pure, que celles dont ses deux beaux yeux animent son visage céleste ? Aimable & belle Demoiselle, encore une fois, heureux jour à votre divine personne ! — Chere Catherine, embrasse-la pour sa beauté.

HORTENSIO.

Il faut qu'il ait l'esprit aliéné, de métamorphoser cet homme en femme !

CATHERINE.

Jeune & frais bouton de rose, aimable & douce

beauté, où allez-vous? où eſt votre demeure? Heureux les pere & mere d'un ſi bel enfant! Plus heureux l'homme que ſon étoile favorable deſtine à vous poſſéder pour ſa belle compagne!

PETRUCHIO.

Allons donc, Catherine; je crois que vous devenez foile : c'eſt un homme vieux, ridé, fané, flêtri; & non pas une jeune fille, comme vous le dites.

CATHERINE, à VINCENTIO.

Pardon, vénérable vieillard; c'eſt une mépriſe de mes yeux, qui ont été ſi éblouis du ſoleil, que tout ce que je vois, me paroît frais & vert; je reconnois bien à préſent, que vous êtes un vieillard reſpectable. Excuſez, je vous prie, ma folle erreur.

PETRUCHIO, à VINCENTIO.

Oui, excuſez-la, vénérable vieillard, & daignez nous apprendre de quel côté vous voyagez : ſi vous ſuivez notre chemin, nous ferons ravis d'avoir votre compagnie.

VINCENTIO.

Beau Cavalier, — & vous, ma joyeuſe Dame, qui m'avez étrangement ſurpris à votre premier abord; mon nom eft Vincentio : ma demeure eft à Pife, & je vais à Padoue, pour y faire vifite à un mien fils, que je n'ai pas vu depuis long-tems.

PETRUCHIO.

Quel eft fon nom?

VINCENTIO.

Lucentio, noble Cavalier.

PETRUCHIO.

La rencontre eft on ne peut pas plus heureufe, & plus heureufe encore pour votre fils; car, maintenant, la loi auffi-bien que votre âge vénérable, m'autorifent à vous appeller mon tendre pere. La fœur de ma femme, de cette Dame que vous voyez, votre fils vient de l'époufer tout récemment. — N'en foyez ni furpris, ni affligé. La perfonne jouit d'une excellente réputation : fa dot eft opulente, & fa naiffance très-honnête. De plus, elle a tant de nobleffe & de bonnes qualités, qu'elle peut paroître l'époufe du plus noble Gentil-homme. Que j'embraffe le vénérable & bon Vincentio ! & voyageons enfemble, pour aller voir votre eftimable fils; votre arrivée va le combler de joie.

VINCENTIO.

Mais, me dites-vous la vérité? Ou eft-ce votre

humeur... (comme les contes dont s'amufent quelquefois les voyageurs qui aiment à rire) de débiter des plaifanteries à ceux que vous rencontrez fur votre route ?

HORTENSIO.

Je vous affure, digne vieillard, que c'eft la vérité.

PETRUCHIO.

Avançons, & allons en être les témoins oculaires; car je vois que la plaifanterie de notre début avec vous, vous laiffe des foupçons.

(Petruchio, Catherine, & Vincentio partent devant, & difparoiffent.)

HORTENSIO.

Fort bien, Petruchio: cela m'encourage. Je vais joindre ma veuve; & fi elle eft d'humeur chagrine & acariâtre, tu m'auras appris à être plus méchant qu'elle.

(Il fort auffi.)

SCÈNE VII.

La Scène est devant la Maison où loge LUCENTIO.

BIONDELLO, LUCENTIO & BIANCA.
DREMIO *se promene d'un côté de la scène.*

BIONDELLO.

Doucement, & vîte aussi, Monsieur; car le Prêtre attend.

LUCENTIO.

J'y vole, Biondello; mais on pourroit avoir besoin de toi au logis; ainsi, laisse-nous.

BIONDELLO.

Non vraiment; je veux voir le toît de l'Eglise sur votre tête, & alors revenir trouver mon maître aussi vîte qu'il me sera possible. (*Ils sortent.*)

DREMIO.

Je m'étonne bien, que Cambio ne vienne pas pendant tout ce tems.

SCÈNE VIII.

PETRUCHIO, CATHERINE, VINCENTIO, & suite.

PETRUCHIO.

Monsieur, voici la porte : c'est ici la maison de Lucentio. Mon pere demeure plus avant, vers la place du marché : il faut que je m'y rende, & je vous quitte ici, Monsieur.

VINCENTIO.

Vous ne pouvez pas faire autrement, que de vous rafraîchir ici, avant de nous quitter ; j'espere que vous serez bien reçu sous mes auspices ; & suivant toute apparence, il y aura au logis de quoi manger.

(Il frappe à la porte.)

DREMIO.

On est fort occupé en dedans : vous feriez bien de frapper plus fort.

LE PÉDANT, *mettant la tête à la fenêtre.*

Qui est-ce-là, qui frappe, comme s'il vouloit abattre la porte ?

VINCENTIO.

Monsieur, le Signor Lucentio est-il-là?

LE PÉDANT.

Oui, il y est; mais on ne peut pas lui parler.

VINCENTIO.

Comment, si un homme lui apportoit deux où trois cens guinées pour ses menus-plaisirs?...

LE PÉDANT.

Gardez vos guinées pour vous; il n'en aura jamais besoin, tant que je vivrai.

PETRUCHIO.

Oui; je vous l'ai bien dit, que votre fils étoit chéri à Padoue. — (*au Pédant*) Entendez-vous, Monsieur? Pour abréger les discours, je vous prie de dire au Signor Lucentio, que son pere arrive de Pise, & qu'il attend ici à la porte pour lui parler.

LE PÉDANT.

Vous mentez: son pere est arrivé de Pise, & c'est lui qui vous parle à cette fenêtre.

VINCENTIO.

Est-ce vous qui êtes son pere?

LE PÉDANT.

Oui, l'ami. Du moins, sa mere l'assure, si je peux m'en rapporter à elle.

PETRUCHIO, à BAPTISTA.

Hé! mon beau Monsieur, c'est une basse coquinerie, d'usurper ainsi le nom d'un autre.

LE PÉDANT.

Saisissez-vous de ce coquin. Je le soupçonne de vouloir duper ici quelque honnête citoyen de cette ville, en empruntant mon nom.

SCÈNE IX.

Les mêmes.

BIONDELLO *revient*.

BIONDELLO.

JE les ai vus tous les deux à l'Eglise : Dieu veuille les conduire à bon port ! — (*appercevant Vincentio*) Mais que vois-je ici ? mon vieux maître Vincentio ! — Oh ! nous voilà perdus, anéantis !

VINCENTIO, *reconnoissant Biondello.*

Viens ici, gibier de potence.

BIONDELLO.

Ce sera si cela me plaît, je crois, Monsieur.

VINCENTIO.

Approche ici, pendard. Quoi ! m'as-tu oublié ?

BIONDELLO.

Oublié ? non, Monsieur. Je ne pouvois guères vous oublier, je ne vous ai jamais vu de ma vie.

VINCENTIO.

Comment, insigne scélérat, tu n'as jamais vu Vincentio, le pere de ton maître ?

BIONDELLO.

Qui, mon ancien & respectable maître ? Si vraiment, Monsieur : tenez, le voilà à la fenêtre.

VINCENTIO.

Oui, oui. (*en le battant*)

BIONDELLO.

Au secours, au secours : voici un furieux qui veut m'assassiner.

(*Il s'enfuit.*)

LE PÉDANT.

Au secours, mon fils ! au secours, Signor Baptista !

PETRUCHIO.

Je t'en prie, Catherine, retirons-nous à l'écart, & voyons la fin de cette dispute.

(*Ils se retirent à l'écart.*)

SCENE X.

VINCENTIO, *le* **PÉDANT,** *suivi de Laquais,* **BAPTISTA** *&* **TRANIO** *paroissent en bas à la porte.*

TRANIO.

Qui êtes vous donc, Monsieur, vous qui menacez de battre mes gens ?

VINCENTIO.

Qui je suis ? Mais, qui êtes-vous vous-même, Monsieur ? — O Dieux immortels ! ô scélérat en parure ! un habit de soie ! des bas de velours ! un manteau d'écarlatte ! & un chapeau à couronne (†) ! — Oh ! je suis ruiné ! je suis perdu ! Tandis que je ménage en bon pere de famille à la maison, mon fils & mon valet dépensent tout à l'Université !

TRANIO.

Hé bien ! de quoi s'agit-il ?

BAPTISTA.

Est-ce que cet homme est fou ?

TRANIO.

Monsieur, vous me paroissez, à votre extérieur, un honnête homme, respectable, & de bon sens ; mais à vos discours, vous êtes un insensé qui a perdu la tête. — Hé bien, Monsieur, que vous importe, si je porte les perles & la dorure ? J'en ai l'obligation à mon bon pere, si je suis dans le cas de faire cette figure.

VINCENTIO.

Ton pere ? Ah ! scélérat, ton pere est un tisserand en voiles à Bergame.

(†) Les élégans du tems portoient des chapeaux surmontés d'une couronne en forme de cône.

JOHNSON.

BAPTISTA.

Vous vous trompez, Monsieur; vous vous trompez. Je vous prie, quel croyez-vous qu'est son nom?

VINCENTIO.

Son nom? Comme si je ne connoissois pas bien son nom, moi qui l'ai élevé depuis l'âge de trois ans! Eh! son nom est Tranio.

LE PÉDANT.

Loin d'ici, loin d'ici, imbécille : son nom est Lucentio, & il est mon fils unique, & l'héritier de mes terres, de moi, qui suis le Signor Vincentio.

VINCENTIO.

Lucentio! Oh! il aura assassiné son maître. Mettez la main sur lui, je vous l'enjoins, au nom du Duc. — Oh, mon fils! mon fils! — Dis-moi, scélérat, où est mon fils Lucentio?

TRANIO.

Appellez un Officier de Justice : emmenez ce furieux, ce coquin en prison. Mon pere Baptista, je vous le recommande, voyez à ce qu'il y soit conduit.

VINCENTIO.

VINCENTIO.

Me conduire en prifon, moi!

DREMIO.

Arrêtez, Officier; il n'ira pas en prifon (§).

(§)   SLY.

Je vois, qu'on n'enverra perfonne en prifon.

LE LORD.

Milord, ce n'eft qu'une Comédie : tout cela n'eft pas férieux.

SLY.

Je te dis, Simon, que je ne veux point qu'on envoye perfonne en prifon. — En prifon! fi : cela eft plat. Comment, ne fuis-je pas Milord ? Je dis donc, que je ne veux pas qu'ils aillent en prifon.

LE LORD.

Ils n'iront plus, Milord : ils font évadés.

SLY.

Se font-ils évadés, Simon ? A la bonne heure. — Allons, donne-moi un peu à boire, & qu'ils recommencent à jouer.

LE LORD.

En voici, Milord.

BAPTISTA.

Ne parlez pas, Signor Dremio; je dis, moi, qu'il ira en prison.

DREMIO.

Prenez garde, Signor Baptista, que vous ne soyez dupe dans cette affaire : j'ose faire serment, que celui-ci est le véritable Vincentio.

LE PÉDANT.

Jurez-le, si vous l'osez.

DREMIO.

Je n'ose pas le jurer.

TRANIO.

Alors, vous feriez mieux de dire, que je ne suis pas Lucentio.

DREMIO.

Pour vous, je vous connois pour être le Signor Lucentio.

BAPTISTA.

Emmenez cet insensé ; entraînez-le en prison.

VINCENTIO.

Comment ! les étrangers seront ainsi insultés & maltraités ? Oh ! insigne scélérat ! monstre !

SCENE XI.

Les mêmes.

BIONDELLO revient, avec LUCENTIO & BIANCA.

BIONDELLO.

OH ! c'eſt fait de nous, & le voilà là-bas —Reniez-le, déſavouez-le, ou nous ſommes tous perdus.

(BIONDELLO, TRANIO & LE PÉDANT *ſortent.*)

LUCENTIO, *ſe jettant aux genoux de ſon pere.*

Pardon, mon tendre pere.

VINCENTIO.

Mon cher fils eſt-il vivant ?

BIANCA.

Pardon, mon bon pere.

BAPTISTA, *à ſa fille.*

Et en quoi l'as-tu offenſé ? — Où eſt Lucentio ?

LUCENTIO.

Voici Lucentio, le vrai fils du vrai Vincentio, qui me suis donné par un mariage légitime votre fille pour épouse, tandis que des personnages supposés trompoient vos yeux.

DREMIO.

Il y a ici de l'intrigue & un complot arrangé, pour nous tromper tous.

VINCENTIO.

Où est cet infernal coquin de Tranio, qui m'a bravé en face avec tant d'insolence?

BAPTISTA.

Mais, dites-moi; n'est-ce pas-là mon Domestique Cambio?

BIANCA.

Cambio s'est métamorphosé en Lucentio.

LUCENTIO.

C'est l'amour qui a fait ces miracles. Mon amour pour Bianca m'a fait changer d'état avec Tranio, tandis que lui jouoit mon rôle dans la ville; & à la fin, je suis arrivé heureusement au port désiré où étoit mon bonheur. Ce que Tranio a fait, c'est moi qui l'y ai forcé : daignez donc lui pardonner, mon tendre pere, pour l'amour de moi.

VINCENTIO.

J'écraferai le nez du coquin, qui vouloit me faire conduire en prifon.

BAPTISTA.

Mais, m'entendez-vous, Monfieur? Eft-ce que vous avez époufé ma fille, fans me demander mon confentement?

VINCENTIO.

N'ayez pas d'inquiétude, Baptifta; nous vous fatisferons; comptez-y : mais je veux rentrer, pour me venger de cette friponnerie.

(*Il fort.*)

BAPTISTA.

Et moi auffi, pour approfondir cette fcélérateffe.

(*Il fort.*)

LUCENTIO.

Ne foyez pas fi pâle, Bianca : votre pere ne fera pas fâché.

(*Ils fortent*

DREMIO.

Mon affaire est faite : mais je vais rentrer avec les autres, sans avoir à présent d'autre espérance, que de prendre ma part du festin.

(*Il sort.*)

PETRUCHIO & CATHERINE
s'avancent.

CATHERINE.

Cher époux, suivons-les, pour voir le dénouement de toute cette intrigue.

PETRUCHIO.

Commence par me donner un baiser, Catherine; & après, nous irons.

CATHERINE.

Quoi ! dans le milieu de la rue ?

PETRUCHIO.

Comment, est-ce que tu rougis de moi ?

CATHERINE.

Non, Monsieur ; Dieu m'en préserve ! Mais je suis honteuse de donner un baiser ici.

PETRUCHIO.

En ce cas, reprenons le chemin de notre maifon. — (*au valet*) Allons, drôle, partons.

CATHERINE.

Non, oh! non; je vais vous donner un baifer: je vous en prie, mon amour, arrêtez.

(*Elle l'embraſſe.*)

PETRUCHIO.

Cela n'eſt-il pas bien doux? — Allons, ma chere Catherine, il vaut mieux tard que jamais.

(*Ils sortent.*)

SCÈNE XII.

La Scène est dans les Appartemens de LUCENTIO.

BAPTISTA, VINCENTIO, DREMIO, LE PÉDANT, LUCENTIO, BIANCA, TRANIO, BIONDELLO, PETRUCHIO, CATHERINE, GRUMIO, HORTENSIO & *sa* **VEUVE.** *Les* DOMESTIQUES *&* TRANIO *à leur tête servent le repas de nôces.*

LUCENTIO.

A la fin, après tant de dissonances, nous voilà tous d'accord; & il est tems, après que les fureurs de la guerre sont assoupies, de sourire aux périls & aux dangers que nous avons échappés. Ma belle Bianca, présentez mon salut & mes sentimens à votre pere, tandis que je vais exprimer la même tendresse au vôtre. — Mon frere Petruchio, — ma sœur Catherine, & vous, Hortensio, avec votre aimable

aimable veuve, réjouiſſez-vous de votre mieux, & ſoyez les bienvenus dans ma maiſon. Ce banquet doit reſtaurer nos eſtomacs, après que nous aurons fait bonne chère. — Je vous prie, mettez-vous à table ; car maintenant nous pouvons nous aſſeoir, & jaſer autant que manger.

PETRUCHIO.

Plus d'autre ſoin, que de reſter à table, & de nous réjouir, & nous réjouir encore.

BAPTISTA.

C'eſt Padoue qui nous procure cette joie, mon fils Petruchio.

PETRUCHIO.

Padoue ne procure que du bien.

HORTENSIO.

Par amour pour nous deux, je voudrois que ce que vous dites, fût entierement vrai.

PETRUCHIO.

Je crois, ſur ma vie, qu'Hortenſio a des inquiétudes ſur ſa Veuve.

LA VEUVE.

Ne vous fiez donc jamais à moi, ſi j'inſpire la crainte.

PETRUCHIO.

Vous êtes fort senfée, & cependant vous manquez le sens de mon idée. Je dis qu'Hortensio vous craint.

LA VEUVE.

L'homme qui a la tête étourdie, s'imagine que le monde tourne autour de lui.

PETRUCHIO.

Fort bien répliqué.

CATHERINE.

Madame, comment l'entendez-vous (†) ?

(†) ### LA VEUVE.

Voilà comme il me fait concevoir.

PETRUCHIO.

Moi, vous faire concevoir ! — Comment Hortensio goûte-t-il cela ?

HORTENSIO.

Ma chere Veuve veut dire, que voilà comme elle conçoit son discours.

Je vous prie, expliquez-moi ce que vous entendiez par-là.

LA VEUVE.

Votre mari, qui a la tête troublée par une méchante femme, mesure les chagrins du mien sur les siens ; maintenant, vous concevez ma pensée.

CATHERINE.

Une assez mince pensée (§).

PETRUCHIO.

Fort bien rectifié : donnez-lui un baiser pour récompense, belle Veuve.

CATHERINE, *répétant la phrase de la Veuve.*

Celui qui a la tête étourdie, s'imagine que le monde tourne au tour de lui !

***

(§)   LA VEUVE.

Fort bien : je vous entends à merveille.

CATHERINE.

Oui en effet, je suis fort mince, par comparaison avec vous.

PETRUCHIO.

Bon, pouffe à la Veuve, Catherine.

HORTENSIO.

Pouffe à Catherine, chere Veuve.

PETRUCHIO.

Gageons cent marcs, que ma Catherine l'atterre.

HORTENSIO.

Cela, c'est mon affaire.

PETRUCHIO.

C'est répondre en brave Militaire. — Allons, à ta santé, mon brave. (*Il boit à Hortensio.*)

BAPTISTA.

Comment Dremio trouve-t-il l'assaut d'esprit de nos galans?

DREMIO.

Croyez-moi, Monsieur; ils se heurtent fort bien de front.

BIANCA.

De front, Monsieur? Un homme dont l'esprit seroit ingénieux & vif diroit, que votre front porte de plus belles défenses.

VINCENTIO.

Oui-dà, ma nouvelle mariée ? Cela vous a réveillée ?

BIANCA.

Oui, mais cela ne m'a pas effrayée ; ainsi, je me rendormirai à mon plaisir.

PETRUCHIO.

Oh ! cela, non : vous ne dormirez point : puisque vous avez commencé l'attaque, à vous un ou deux traits.

BIANCA.

Suis-je votre oiseau ? Je veux changer de buisson, & après, poursuivez-moi l'arc bandé. — Je vous donne à tous le bon soir.

(*Bianca, Catherine, & la Veuve sortent.*)

PETRUCHIO.

Elle m'a prévenu. — Approche, Signor Tranio, c'est l'oiseau auquel tu visois, quoique tu l'ayes manqué ; & pour cela, à la santé de tous ceux qui visent & manquent le but.

TRANIO.

Oh ! Monsieur, Lucentio m'a lâché comme son

levrier qui court le gibier, & qui le prend pour son maître.

PETRUCHIO.

Voilà une aſſez bonne comparaiſon, mais un peu groſſiere.

TRANIO.

Vous avez bien fait, Monſieur, de chaſſer pour vous-même : on croit que votre biche vous tient en haleine.

BAPTISTA.

Oh ! oh ! Petruchio ; Tranio tire ſur vous à préſent.

LUCENTIO.

Grand merci du ſarcaſme, bon Tranio.

HORTENSIO.

Avouez, avouez ; la botte n'a-t-elle pas porté ?

PETRUCHIO.

Je confeſſe, qu'il m'a un peu entamé ; mais comme le trait s'eſt écarté de moi, je gage dix contre un, qu'il vous a percé tous deux d'outre en outre.

BAPTISTA.

Vraiment, pour parler ſérieuſement, mon gendre

Petruchio, je crois que c'est vous qui avez la plus méchante femme de toutes.

PETRUCHIO.

Hé bien, moi, je dis que non ; & pour preuve, que chacun de nous envoye quérir sa femme, & celui qui aura la plus obéissante, celle qui se rendra la premiere à ses ordres, lorsqu'il la demandera, gagnera le prix que nous aurons réglé.

HORTENSIO.

D'accord. — Quelle est la gageure ?

LUCENTIO.

Vingt ducats.

PETRUCHIO.

Vingt ducats ! je risquerois cela sur mon faucon, ou sur mon chien : j'en risquerai dix fois autant sur ma femme.

LUCENTIO.

Hé bien, cent.

HORTENSIO.

Accepté.

PETRUCHIO.

Allons, marché fait.

HORTENSIO.

Qui commencera?

LUCENTIO.

Ce sera moi. Va, Biondello, dis à notre maîtresse de venir me trouver.

BIONDELLO.

J'y vais.

(Il sort.)

BAPTISTA.

Mon fils, je suis de moitié avec vous ; que Bianca vienne aussi-tôt.

LUCENTIO.

Je ne veux point de moitié ; je veux tout pour moi seul. — (à BIONDELLO *qui revient*) Hé bien, que t'a-t-on dit?

BIONDELLO.

Monsieur, ma maîtresse m'envoie vous dire, qu'elle est occupée en ce moment, & qu'elle ne peut venir.

PETRUCHIO.

Comment? elle est occupée, & elle ne peut venir! Est-ce-là une réponse?

DREMIO.

DREMIO.

Oui, & une réponse honnête. Priez le Ciel, Monsieur, que votre femme ne vous en envoie pas une plus dure.

PETRUCHIO.

Je l'espere meilleure.

HORTENSIO.

Hé, Biondello, va & prie ma femme de venir me trouver sur le champ.

(Biondello court.)

PETRUCHIO.

Oh, oh, la prier ! — Allons, elle ne peut pas se dispenser de venir.

HORTENSIO.

Je crains fort, Monsieur, que, quoique vous fassiez, la vôtre ne veuille pas se laisser prier. — *(BIONDELLO rentre)* Hé bien, où est ma femme ?

BIONDELLO.

Elle dit que vous avez apparemment quelque badinage en jeu ; elle ne veut pas venir : elle dit que vous ailliez la trouver.

PETRUCHIO.

Oh! de pis en pis; elle ne veut pas venir. Oh! cela est indigne, insupportable; cela ne peut pas se passer. — (*à Grumio*) Toi, va dire à la mienne, que je lui ordonne de venir.

(*Grumio sort.*)

HORTENSIO.

Je sai déja sa réponse.

PETRUCHIO.

Quelle sera-t-elle?

HORTENSIO.

Qu'elle ne le veut pas.

PETRUCHIO.

Je n'en serai que plus à plaindre, & voilà tout (†).

(†) ### LE LORD.

Y a-t-il quelqu'un de mes gens ici? (*Les Laquais entrent.*) Encore endormi? — Allons, prenez-l doucement, & r mettez-lui les habits qu'il avoit; mais prenez bien garde, sur toute chose, qu'il ne s'éveille.

UN DES LAQUAIS.

Nous y prendrons garde, Milord. — (*à ses camarades*) Allons, venez m'aider à l'emporter.

SCÈNE XIII.

Les mêmes.

CATHERINE *paroît.*

BAPTISTA.

Par la Sainte Notre-Dame, voilà Catherine qui vient!

CATHERINE.

Que voulez-vous, Monsieur, que vous m'envoyez chercher?

PETRUCHIO.

Où est votre sœur, & la femme d'Hortensio? Retournez, & les amenez ici; si elles refusent de venir, faites-les moi marcher devant vous à grands coups à l'ordre de leurs maris. Allez, vous dis-je, & amenez-les ici sur le champ. (*Catherine sort.*)

LUCENTIO.

Voilà un prodige, si jamais il y en a eu.

HORTENSIO.

Oui vraiment; & je suis dans l'étonnement, de ce qu'il peut présager.

PETRUCHIO.

Comment ? il préfage la paix, la tendreffe, & une vie tranquille, & la légitime autorité du mari, & la bonne regle & le refpect dans le ménage ; & pour tout dire en un mot, tout ce qu'il y a de doux & d'heureux.

BAPTISTA.

Allons, profpérez, Petruchio : vous avez gagné la gageure ; & j'ajouterai à leurs pertes vingt mille écus ; c'eft une autre dot que je donne à une toute autre fille ; car elle eft changée, comme elle ne l'a jamais été.

PETRUCHIO.

Allons, je n'en gagnerai que mieux encore la gageure, & je vous donnerai de plus grandes preuves de fon obéiffance, & de fon mérite tout nouvellement éclos.

COMÉDIE.

SCÈNE XIV.

Les mêmes.

CATHERINE *revient avec* BIANCA & *la* VEUVE.

PETRUCHIO.

Voyez : la voilà qui revient, & qui vous amene vos rebelles épouses en état de prisonnieres, par la force de son éloquence féminine. — Catherine, le chapeau que vous avez-là ne vous sied pas : ôtez-moi ce colifichet ; mettez-le sous vos pieds.

(*Catherine ôte son chapeau, & le jette à terre.*)

LA VEUVE, à HORTENSIO.

Monsieur, puissai-je n'avoir jamais sujet de pleurer, jusqu'à ce que l'on m'ait amenée à une si sotte complaisance !

BIANCA.

Fi donc ! quel respect imbécille est-ce là ?

LUCENTIO.

Je voudrois, que le vôtre pour moi fût aussi

fou. La réserve du vôtre, belle Bianca, m'a coûté cent ducats depuis le souper.

BIANCA.

Vous n'en êtes qu'un plus grand fou, de risquer une gageure sur mon obéissance.

PETRUCHIO.

Catherine, je te charge d'expliquer à ces femmes rebelles, quel respect elles doivent à leurs époux, leurs seigneurs & maîtres.

LA VEUVE.

Allons, allons, vous vous mocquez de nous : nous n'avons pas besoin de leçon.

PETRUCHIO, à CATHERINE.

Allons, fais ce que je te dis, & commence par elle.

LA VEUVE.

Elle ne fera pas cela.

PETRUCHIO.

Je vous dis, moi, qu'elle le fera; & commence par elle-même.

CATHERINE.

Fi, fi! allons, éclaircissez ce front dur & menaçant, & ne lancez pas de vos yeux ces regards méprisans, pour blesser votre Seigneur, votre Roi, votre chef : ce sombre nuage ternit votre beauté, comme la gelée flêtrit les vertes prairies ; il détruit votre réputation, comme l'ouragan disperse les tendres bourgeons; & cet air refrogné n'est en aucune façon aimable, ni ne convient. Une femme en courroux est comme une fontaine troublée, fangeuse, sans transparence, sans pureté, & perd toute sa beauté ; & tant qu'elle est dans cet état de trouble, personne, dans l'excès même de la soif la plus brûlante, ne daignera boire de son onde, ni seulement en approcher ses lèvres. Votre mari est votre souverain, votre vie, votre gardien, votre chef, votre roi ; celui qui s'occupe du soin de votre bien-être, & de votre subsistance ; qui livre son corps aux pénibles travaux, sur mer & sur terre, qui passe la nuit dans les tempêtes, le jour à l'injure des hivers, tandis que vous reposez chaudement, en paix & tranquille, dans le sein de vos foyers : & pour tous ces sacrifices, il n'exige d'autre tribut de vos mains, que l'amour, de doux regards, & une sincère obéissance : foible salaire pour une dette si immense ! Le respect & la soumission qu'un sujet doit à son Prince, la femme les doit à son mari ; & quand elle est brusque, chagrine, morose & acariâtre, & qu'elle n'obéit pas à ses ordres honnêtes, qu'est-elle qu'une rebelle factieuse & coupable, envers son tendre maître, d'une trahison impardonnable ? Je rougis de voir des femmes assez simples pour offrir la guerre, lorsqu'elles devroient demander la paix à genoux; ou vouloir s'arroger le sceptre, le commandement & l'empire, lorsqu'elles ont fait vœu de servir, d'aimer & d'obéir. Pourquoi la nature nous a-t-elle faites d'une constitution foible, délicate & sensible, incapable de soutenir les fatigues & les agitations du monde, si ce n'est pour nous faire sentir, que la tendresse, la sensibilité, la docilité de nos cœurs doivent répondre à la nature de notre sexe & de notre constitution ? Allons, allons, vous, vermisseaux révoltés & impuissans, mon caractere étoit né aussi impérieux que le vôtre : mon cœur étoit aussi fier, & peut-être avois-je plus de ressources dans l'esprit pour rendre parole pour parole, trait pour trait, & menace pour menace : mais aujourd'hui je vois que nos lances ne sont que de foibles roseaux, que nos forces ne sont que foiblesse, & foiblesse extrême (§);

___

(§) Le Poète peint bien ici la déférence & la soumission qu'une femme doit montrer pour son mari; mais une femme pensera, avec quelque justice, que la fin du discours en

&

& lorsque nous paroissons être le plus, nous sommes en effet le moins. Allons, rabaissez votre orgueil; car il ne vous sert à rien ; & placez vos mains sous les pieds de vos maris, en preuve de l'obéissance qui leur est due ; si le mien l'ordonne, ma main est prête, pour peu que cela lui fasse plaisir (†).

gâte un peu la beauté. On y pousse un peu trop loin peut-être la doctrine de *l'obéissance passive & de la nulle résistance* dans l'état du mariage ; & il faut avouer que les hommes dans les loix, les conventions, les préjugés, qu'eux seuls ont arrangés, ont fait, & ils le sentent bien eux-mêmes, le partage du lion de la fable entre leur sexe & le nôtre. — Je remarquerai encore que dans ces réformes si hâtives, le danger est qu'on donne souvent dans l'extrême contraire, & qu'on cède plus au tems & aux circonstances, qu'on n'est converti dans le cœur. On a observé que les tyrans les plus hautains deviennent, dans un revers de fortune, les esclaves les plus abjects, & cela, par un effet du même principe dans les deux cas ; c'est qu'ils sont naturellement portés à attribuer au vainqueur le même esprit de despotisme, dont ils étoient pleins eux-mêmes ; & c'est devant la terreur de leur propre vice qu'ils tremblent & frémissent.

Mrs GRIFFITH.

(†) Suivant la formule de l'Eglise protestante, la femme s'engage à obéir, servir, aimer, honorer & garder son mari, en maladie & en santé.

PETRUCHIO.

Hé bien, voilà ce qui s'appelle une femme! Viens, Catherine, viens m'embrasser.

LUCENTIO.

Allons, poursuis ton chemin, vieux renard : tu réussiras.

VINCENTIO.

C'est une chose agréable à voir, que des enfans qui sont dociles!

LUCENTIO.

Mais c'est une chose bien désagréable, que des femmes qui sont mutines.

PETRUCHIO.

Viens, Catherine, nous allons nous mettre au lit. — Nous voilà trois mariés; mais vous voilà deux qui avez pris les devans : c'est moi qui ai gagné la gageure, (*à LUCENTIO*) quoique vous ayez touché le blanc (§). Et en qualité de vainqueur, je prie Dieu qu'il vous donne la bonne nuit!

(*Petruchio fort avec Catherine.*)

(§) Allusion au nom de Bianca, blanche.

HORTENSIO.

Va, tu peux te vanter d'avoir mis une méchante femelle à la raison.

LUCENTIO.

Il est bien étonnant, avec votre permission, qu'elle se soit ainsi apprivoisée.

Sly, revêtu des premiers habits de sa pauvreté, & laissé endormi dans un coin du Théâtre par les Laquais du Lord, qui s'étoit amusé de son ivresse, se réveille à la fin de la Pièce.

UN GARÇON DE CABARET.

A présent que cette nuit noire est passée, & que le jour commence à poindre dans un ciel de cristal, il faut que je me hâte de sortir. Mais, doucement: qui est-là? quoi! c'est Sly? ô miracle! est-il resté-là couché toute la nuit? Je veux le réveiller; je croirois qu'il seroit mort de faim, s'il n'avoit le ventre bien farci de bière. Allons, Sly, n'as-tu pas de honte? Réveille-toi.

SLY, croyant toujours parler à son Laquais.

Simon, donne-moi encore un coup de vin. — Comment, tous les Comédiens sont partis? — Ne suis-je donc pas un Lord?

LE GARÇON DE TAVERNE.

Un Lord? Que la peste t'étrangle! — Allons, es-tu ivre encore?

SLY.

Qui est-là ? le Garçon de Cabaret ? —Oh ! j'ai fait le plus beau rêve, dont tu ayes jamais ouï parler de ta vie.

LE GARÇON.

Oui, fort bien. mais tu aurois bien mieux fait de rentrer chez toi ; car ta femme t'arrangera, pour avoir passé la nuit ici à rêver.

SLY.

Elle ? oh, je sais à présent la maniere de mettre une méchante femme à la raison. J'ai rêvé de cela toute la nuit, & tu m'as réveillé du meilleur rêve que j'aie jamais eu. Mais, je vais aller trouver ma femme, & la réduire aussi, si elle fait trop la mauvaise contre moi.

Fin du cinquieme & dernier Acte.

RETRANCHEMENS.

ACTE PREMIER.

SCENE VI. (*)

GRUMIO.

Frapper, Monsieur; & qui voulez-vous que je frappe? Quelqu'un a-t-il offensé votre Seigneurie?

PETRUCHIO.

Coquin, te dis-je, frappe-moi ici, & fort.

GRUMIO.

Que je vous frappe ici, Monsieur? Et qui suis-je, moi, Monsieur, pour que j'ose vous frapper ici, Monsieur?

PETRUCHIO.

Maraut, encore un coup, frappe-moi à cette porte, & vivement, ou je frapperai, moi, la tête d'un drôle.

GRUMIO.

Mon maître est devenu quereileur. Ouais, je commencerois d'abord par vous frapper, moi; & après, je saurois bientôt qui des deux s'en trouveroit le plus mal.

PETRUCHIO, *le prenant par les oreilles.*

Ne feras-tu pas ce que je te dis ? Sur ma parole, maraut, si tu ne veux pas frapper, je vais te mettre la cloche en branle ; j'essayerai comment tu sais solfier, & chanter d'accord.

(*Il le tire par les oreilles.*)

GRUMIO.

Au secours, Messieurs; au secours : mon maître est fou.

PETRUCHIO.

Frappe, quand je te l'ordonne : coquin ! pendard !

SCENE VII.

Les mêmes.

HORTENSIO *vient au bruit.*

HORTENSIO.

Quoi! qu'est-ce qu'il y a? — Ha! notre vieux ami Grumio! & mon cher Petruchio ! Comment vous portez-vous tous à Vérone ?

PETRUCHIO.

Seigneur Hortensio, êtes-vous venu pour appaiser la querelle ? — Je puis dire, *con tutto il core ben trovato* (de tout mon cœur bien rencontré.)

HORTENSIO.

Alla noſtra caſa ben venuto
Molto honorato Signor mio Petruchio.

C. A. D.

Vous êtes le bienvenu à notre logis,
Mon très-honoré Seigneur Petruchio.

— Allons, Grumio, releve-toi, prends courage ; nous arrangerons cette querelle.

GRUMIO.

Oh ! il eſt bien inutile de ſavoir ce que c'eſt que *Leges* (c'eſt-à-dire, les loix) en Latin..... Si ce n'eſt pas là un cas légitime pour quitter ſon ſervice. Voyez, Monſieur — il m'ordonne de le frapper, & bien fort, Monſieur. — Quoi ! convient-il à un valet de traiter ſon maître ainſi, étant peut-être, autant que je puis le voir, trente-deux, — enſemble ? Et plût à Dieu, que je l'euſſe frappé comme il faut d'abord, alors Grumio n'auroit pas été le plus maltraité.

PETRUCHIO.

Un ſtupide coquin de valet ! — Cher Hortenſio, voyez, je dis à ce maraut de frapper à votre porte, & je n'ai jamais pu venir à bout d'obtenir cela de lui.

GRUMIO.

Frapper à la porte ? ô ciel ! ne m'avez-vous pas dit mot pour mot ceci ? *Coquin, frappe-moi ici, frappe-moi comme il faut, frappe-moi fort; & vous venez à préſent me dire : frapper à la porte ?*

PETRUCHIO.

Drôle, va-t-en, ou tais-toi, je te le conseille.

HORTENSIO.

Allons, Petruchio, modérez-vous; je suis la caution de Grumio: vraiment, la partie est trop inégale entre vous & lui. Allons, c'est votre ancien & fidèle serviteur, le bon Grumio, qui vous fait tant rire.

ACTE II.

SCENE VI. (*)

CATHERINE.

Trop délicate pour porter un lourd manant comme vous; & cependant, je pèserois sur vous de tout mon poids.

PETRUCHIO.

De tout votre poids, Buz.

CATHERINE.

Fort bien interpreté, en vraie Buze.

PETRUCHIO.

Oh! tourterelle aux lentes aîles; sera-ce une Buze qui vous attrapera?

CATHERINE.

CATHERINE.

Oui, pour une tourterelle (†) ; mais il me trouvera un busard.

PETRUCHIO.

Allons, allons, guêpe bourdonnante (§) : oh ! par ma foi, vous êtes trop colère.

CATHERINE.

Si je tiens de la guêpe, défiez-vous donc de mon aiguillon.

PETRUCHIO.

J'y fais un remede : c'est de l'arracher.

CATHERINE.

Oui, si le sot peut trouver la place où il est.

PETRUCHIO.

Qui ne sait pas où la guêpe a son aiguillon ? Dans sa queue, sans doute.

CATHERINE.

Non, sot ; c'est à sa langue.

PETRUCHIO.

La langue de qui ?

CATHERINE.

La vôtre, si vous parlez de queues ; & là-dessus, adieu.

(*Elle va pour s'éloigner.*)

(†) Autre proverbe.
(§) De *Buzz*, bourdonner.

PETRUCHIO.

Quoi! ma langue à votre queue ? — Allons, revenez, bonne Cathau ; je suis Gentil-homme, & mérite plus d'égards.

CATHERINE, *revenant.*

Je veux essayer ta noblesse. (*Elle lui donne un soufflet.*)

PETRUCHIO.

Je vous jure, que je vous le rendrai, si vous y revenez.

CATHERINE.

Vous pourriez y perdre vos armes en frappant une femme : si vous me frappez, vous n'êtes point Gentil-homme, & si vous n'êtes pas Gentil-homme, vous n'avez pas d'armes, & vous êtes un homme bien mesquin.

PETRUCHIO.

Oh ! vraiment, Cathau, vous êtes savante en blason, en l'art héraldique. Oh ! je vous prie, mettez mes armes dans vos livres de blazon.

CATHERINE.

Quelles sont vos armes ? une crête de coq ?

PETRUCHIO.

Un coq sans crête (†) ; & alors, Cathau sera ma poule.

CATHERINE.

Vous ne serez point mon coq ; vous chantez trop sur le ton d'un coq dégénéré & poltron.

(†) Sans dispute.

PETRUCHIO.

Non. — Allons, belle Cathau, allons : ne me faites point un œil si dur, si aigre.

CATHERINE.

C'est-là mon regard, quand je vois un sauvageon.

PETRUCHIO.

Allons, il n'y a point ici de pomme sauvage ; ainsi, point de regard si aigre.

CATHERINE.

Oh ! il y en a, il y en a.

PETRUCHIO.

Allons, montrez-la-moi.

CATHERINE.

Si j'avois un miroir, je vous le ferois voir.

PETRUCHIO.

Quoi ! voulez-vous parler de mon visage ?

CATHERINE.

Oui, cela s'adresse au visage de certain jeune-homme.

PETRUCHIO.

Par Saint-George, je suis trop jeune pour vous.

CATHERINE.

Et cependant, vous êtes bien flêtri.

PETRUCHIO.

Ce sont les *soucis*.

CATHERINE.

Je ne m'en *soucie* gueres, moi.

RÉFLEXIONS

Du Docteur HURD, *sur le Prologue.*

CE Prologue mérite d'être mis dans son vrai jour, par l'excellence de son but moral, & la beauté de l'exécution.

Il nous représente la peinture d'un pauvre homme, placé pendant un court intervalle, dans le rang hautain de la noblesse. Le comique de la scène consiste dans la surprise & la conduite bisarre de Sly, dans cette situation étrange, & si extraordinaire pour lui. Mais le Poète a eu une intention plus digne de son génie, que cette plaisante farce : il a voulu exposer, sous cette fiction, le ridicule des hommes de qualité, lorsqu'ils ne font d'autre usage de leur place & de leur fortune, que de satisfaire mollement, & en égoïstes délicats, l'intempérance de leurs passions ; de ces hommes, qui prennent avantage de leur naissance & de leur opulence, pour se livrer sans réserve à ces plaisirs, dont le pauvre jouit aussi complettement, & avec infiniment plus de convenance & de conséquence de caractère, que leurs fières Grandeurs.

Pour donner du piquant à sa satyre, le Poète introduit un homme de qualité, revenant de la chasse, l'esprit tout occupé de ses plaisirs, qui imagine cette métamorphose de ce pauvre homme, dans l'unique vue de s'amuser & de s'en divertir, sans considérer combien le trait de cette plaisanterie retombe sur lui-même.

Ses premieres réflexions, en voyant cet ivrogne, sont excellentes :

O monstrueuse bête ! comme il est là étendu comme un porc ! Affreuse mort ! que ton image est hideuse & dégoûtante !

Il s'offense à la vue de la nature humaine ainsi dégradée en bestialité, dans un état d'insensibilité, de stupidité, image de la mort. Rien n'est plus juste que cette peinture; car les riches voluptueux ont un dégoût & une aversion extrême pour cette ignoble brutalité : & ce qui leur présente la perspective de la mort, ne peut manquer de leur offrir une image hideuse & choquante : c'est parler aussi dans le caractère d'un véritable disciple d'Epicure. Car, quoique ces grands Docteurs de sagesse ayent placé le souverain bien dans le plaisir, ils étoient cependant, à ce qu'on nous dit, les premiers à crier contre les *Asotos*, ou ces voluptueux grossiers, qui *in mensam vomunt & qui de conviviis auferuntur, crudique postridiè se rursus ingurgitant*: mais pour ces hommes, *mundos, elegantes, optumis cocis, pistoribus, piscatu, aucupio, venatione, his omnibus exquisitis, vitantes cruditatem*, ils les qualifioient du beau nom de *beatos & sapientes*, heureux & sages (Cic. de fin. Lib. II. 8.). Et quoique leur philosophie promît l'exemption des terreurs de la mort, cette exemption si vantée se réduisoit au stratagème de bannir cette pensée de la mémoire, par une dissipation continuelle ; ensorte qu'à l'heure du danger, ils ne pouvoient s'empêcher de marquer les plus terribles appréhensions.

Cependant, ce sombre nuage est bientôt suivi d'objets plus gais & plus rians. Le Milord songe à tirer de cette aventure un peu d'amusement.

Amis, je veux faire servir cet homme ivre à mon divertissement.

Et il se propose de le faire porter dans un lit, entouré de tous les rafinemens du luxe & de la mollesse, dans lesquels l'égoïste opulent a coûtume de trouver son bonheur suprême.

On exécute ce projet ; & la plaisanterie commence. Sly, se réveillant du sommeil de son ivresse, demande, à son ordinaire, un verre de petite bière. Là-dessus, le Lord fait une réponse qui est parfaitement dans son caractère, (entrant dans les vues du Poète) (a), & pleine de satyre.

Oh ! est-il possible ! &c.

Et ensuite :

O noble Lord ! songez à votre naissance.

Et pourquoi veut-il qu'il se rappelle sa naissance ? Pour choisir parmi la foule des plaisirs & des sensations, qui seront le plus du goût de son palais délicat & perfectionné: livrée nombreuse à ses ordres, musique délicieuse, lits de duvet, parfums, tapis riches, chasse, chiens, oiseaux, chevaux ; & puis un goût plus fin & plus épuré, celui des tableaux & des peintures lascives & amoureuses. — Enfin, pour couronner les prérogatives de la haute noblesse, les charmes de la beauté:

Vous avez une Lady qui surpasse en beauté
Toutes les femmes de ce siècle dégénéré.

(a) Pour les bien saisir, il est bon de se rappeller ce que dit le sensé La Bruyere à ce sujet: « un Grand aime le Champagne, abhorre » la Brie : il s'enivre de meilleur vin que l'homme du peuple ; seule » différence, que la crapule laisse entre les conditions les plus dispro- » portionnées, entre le Seigneur & l'estaffier ». (Tome II. page 12.)

Et au lieu d'une épouse, le Poète auroit présenté une belle maîtresse, s'il n'avoit craint que le pauvre Sly, qui n'estimoit que le mariage, fait pour le peuple & les pauvres gens, n'eût été trop choqué d'une proposition, si éloignée de ses idées simples, & de la pratique commune des hommes de son état.

La présence de cette belle Lady fait une si grande impression sur ses sens émerveillés, qu'alors il ne doute plus qu'il ne soit en effet un Lord La satyre contre les Grands est ici visible & palpable, & décele évidemment tout le but du Poète: c'est l'histoire de Damocles avec Denys le tyran, avec la différence que le dénouement ne se ressemble pas Le Philosophe veut faire sentir au flatteur sa méprise sur le bonheur; & le Poète n'a pas jugé à propos de désabuser son Irus. Mais tous deux ont été à leur but; l'un de montrer la misere du luxe & de la grandeur des riches; & l'autre leur vanité. Voilà pourquoi le tyran est peint méchant, & le Lord n'est qu'un mendiant déguisé sous l'or & la soie.

Le dessein de Shakespeare dans le Prologue a donc été de nous faire sentir l'absurdité du système d'Epicure, qui place la vraie félicité de la vie dans le délire des plaisirs sensuels; & il l'a fait de la maniere la plus propre à faire impression sur les Grands, en démontrant à leur orgueil qu'il ne leur donne que le souverain bien d'un pauvre & malheureux mendiant, à l'imitation de leur grand maître.

Ipse Pater veri Doctus Epicurus in arte
Jussit, & hanc vitam dixit habere deos.
PETRON. C. 132.

LA MECHANTE FEMME,

On lit dans le Tatler, *tome* 4, *N°.* 231, *l'Histoire suivante.*

« Nous avons un proverbe qui dit, qu'il faut dompter une femme dans ses habits de nôces, si l'on veut venir à bout de la mettre à la raison. Une conduite conforme à ce principe a eu tout récemment le meilleur effet du monde dans une famille avec laquelle je suis lié depuis plusieurs années (b).

Un homme aisé du Lincolnshire avoit quatre filles, dont il en avoit marié trois de fort bonne heure; mais la quatrième, sans être inférieure en rien à ses sœurs, ni en beauté, ni en qualités personnelles, avoit contracté & manifesté dès son enfance un caractère si violent, & si impérieux, qu'il causa toujours beaucoup de désagrément dans le sein de la famille; que le voisinage même fut instruit de son caractère, ce qui détourna tous les amans, & repoussa leur inclination. Cependant, dans la suite du tems, un homme d'une fortune opulente, & ancienne connoissance de la maison, ayant observé que cette hauteur étoit tout le défaut de cette jeune personne, fit sa cour & sa demande, & obtint son consentement en regle. Le contrat fut dressé, dans lequel, par parenthèse, il n'y eut aucune somme de stipulée pour les épingles, & les voilà mariés. Après un espace de tems convenable passé

___

(b) Cette méthode, dit Mistriss Griffith, ne réussiroit pas toujours. Il y a un vieux proverbe qui dit : « Tout homme peut guérir une diablesse, excepté le mari qui l'a ».

dans

dans la maison du beau-pere, l'époux partit pour aller préparer sa maison à recevoir sa compagne. Pendant tout le tems qu'il fit sa cour, quoiqu'il fût naturellement d'une humeur égale & d'un caractère tranquille, il avoit eu l'adresse de se plaindre à sa maîtresse, en gémissant sur son malheur, d'être né l'homme le plus fougueux, le plus violent qui fût sous le Ciel; & d'après cette ouverture, il lui avoit fait entendre, qu'il devoit bien excuser en elle la vivacité du sang, en même-tems qu'il l'avoit alarmée sur sa propre constitution. Sa maîtresse se crut obligée à se composer & à modérer la conduite qu'elle avoit à tenir en sa présence. Par ce stratagême, il réussit peu à peu à adoucir son humeur, & à l'empêcher d'éclater par quelques violences. Voyant son succès, il résolut de continuer à lui inspirer une si forte appréhension de son humeur inflammable, qu'elle ne songea jamais à laisser échapper aucune étincelle de la sienne. Il revint au jour marqué à la maison du beau-pere, pour la prendre & l'emmener chez lui: mais au lieu d'une voiture à six chevaux, avec une livrée conforme à la pompe de la conduite d'une jeune épouse, il parut sans un seul laquais, monté sur une rosse de cheval, que son garde-chasse avoit amené la veille pour servir de curée à ses chiens à l'arrivée de sa nouvelle maîtresse, avec une mauvaise selle de femme sur la croupe, & deux pistolets d'arçon sur le devant, sans autre suite qu'un chien. Dans cet équipage il la prie, d'un ton poli, mais décidé, de se placer sur le coussin : elle le fait, & les voilà qu'ils vont au pas. Le chemin s'étant trouvé fermé par une barriere, le maître ordonne à son chien de l'ouvrir; le pauvre animal regardoit en l'air, & remuoit la queue, sans pouvoir ouvrir. Le maître, pour montrer la violence de son caractère, tire un pistolet & le tue roide. Il n'eut pas plutôt fait ce coup, que le voilà qui se répand en lamentations sur sa malheureuse brutalité, & qui demande mille pardons de son emportement devant une personne pour laquelle il avoit un si profond respect. Quelques pas plus loin, la pauvre rosse s'abattit, & se releva avec bien de la peine : l'époux jura, que s'il lui arrivoit encore d'effrayer ainsi sa maîtresse, il le perceroit d'outre en outre. Le pauvre animal, qui n'en pouvoit plus, fit une seconde chûte : aussi tôt le soigneux mari descend, prend dans ses bras sa Lady avec grande cérémonie, ensuite l'équipage, puis tire son épée, & épargne à son garde-chasse la peine de tuer ce malheureux cheval. Alors il dit à sa femme : mon cœur, je vous en prie, prenez la selle : elle obéit aussi-tôt, & la porta avec effort jusqu'à la maison, où ils trouverent tout dans le meilleur ordre, d'après leur fortune & la solemnité de la fête. Quelques tems après, le beau pere donna une fête à toutes ses filles, & à ses gendres. Lorsque les femmes furent retirées, & que les hommes restoient à boire à la santé de leurs Dames, notre dernier marié trouva occasion d'observer à ses beaux-freres, combien il avoit éprouvé, à sa grande satisfaction, que le monde s'étoit trompé sur le caractère de son épouse, & que c'étoit la femme la plus douce & la plus soumise qu'on pût rencontrer. Cet éloge fut accueilli de grands éclats de rire. Mais afin de juger lequel d'entr'eux paroissoit le plus maître chez lui, il proposa d'envoyer tour-à-tour chercher leurs femmes. On envoie un laquais. Il revient rapporter cette réponse de la premiere : « dites-lui, que j'irai dans un moment », l'autre, « quand notre jeu sera fini », & l'autre de même ; mais le laquais n'eut pas plutôt glissé à l'oreille de la derniere le désir de son mari, qu'elle jette les cartes sur la table, & accourt le trouver : « mon ami, lui dit-elle, avez-vous quelque chose à me dire » ? Il la reçut dans ses bras ; & après maintes caresses, il lui avoue leur gageure, confesse la douceur & la bonté de son caractère, & l'assure, que puisqu'elle avoit si bien appris à dominer son naturel, il ne déguiseroit pas plus long-tems le sien.

Il est étonnant que Shakespeare ait été assez peu connu de l'Auteur du *Tatler*, pour souffrir qu'on lui fit passer ce Conté pour un événement arrivé dans le Lincolnshire, ou assez peu connu de sa Nation, pour qu'il ait pu croire qu'elle prendroit dans le public. Il paroît pourtant évident qu'il a été trompé, ou qu'il a voulu en imposer, & qu'il n'a pas lu lui-même d'où cette histoire avoit été tirée, ou qu'il s'est flatté de piller un écrivain aussi *obscur* que Shakespeare, sans que son plagiat fût découvert.

§. Les deux intrigues de cette Pièce sont si bien liées, qu'elles n'en forment qu'une par l'art dont elles sont tissues & fondues ensemble. L'attention est soutenue, sans être partagée par la variété de ces incidens. Les scènes entre Catherine & Petruchio sont infiniment vives & divertissantes. Toute la Pièce est très-amusante, sur-tout pour le peuple.

JOHNSON.

REMARQUES

De M. Eschemburg sur cette Pièce.

Après bien des recherches, c'est encore une question de savoir, si Shakespeare est effectivement l'Auteur de cette Comédie, ou s'il n'y a eu part que comme Rédacteur. Ce qu'il y a de certain, c'est qu'il existe une ancienne Pièce anonyme, sous ce titre plaisant, *History Called, the Taming, &c.* Pope la cite dans son Catalogue; mais c'est dommage que de tous les critiques de Shakespeare, il soit le seul qui ait effectivement eu cette Pièce en main, & qu'elle ne soit pas même parvenue dans celles du Docteur *Warburton*, lui qui avoit hérité de tous les autres ouvrages, dont son ami fait mention. *Steevens*, ce scrutateur si soigneux & si ardent de tout ce qui concerne notre Poëte, n'a pas pu se le procurer, malgré toutes les peines qu'il s'est données. Ainsi, il est très-incertain, si Shakespeare y a travaillé en partie, ou si elle est toute entière de lui, & il ne reste d'autre moyen d'en juger que par le mérite de la Pièce : moyen très-équivoque, & qui souvent ne va pas plus loin que la conjecture.

On ne sera donc pas étonné de trouver en contradiction deux critiques profonds, Farmer & Steevens. Le premier croit qu'elle n'est pas originairement de Shakespeare, mais qu'il n'a fait que l'arranger pour le Théâtre, qu'il l'a augmentée d'une introduction, & de quelques autres corrections nécessaires, sur-tout dans le rôle de *Petruchio*. Il lui paroît évident que l'introduction & la Pièce même doivent être, ou d'une main toute différente, ou écrites à beaucoup de distance l'une de l'autre. L'une, dit-il, est dans le goût le plus épuré de notre Poète, & la Pièce est au-dessous de son talent connu.

Si l'on veut admettre qu'elle soit entierement de Shakespeare, il faudroit qu'elle eût été un de ses premiers ouvrages. Au reste, *Meres* en fait mention à la date de 1598; mais non pas dans le Catalogue de ses ouvrages. *Farmer* croit donc que la Pièce ancienne citée ci-dessus a été d'une main étrangère, & que Shakespeare, en qualité d'inspecteur du Théâtre, n'a fait que l'arranger d'une maniere plus commode pour la représentation, & plutôt par intérêt que par honneur.

Steevens pense au contraire, qu'il n'est pas possible de méconnoître le génie de Shakespeare dans aucun endroit de cette Pièce; qu'il éclate principalement dans les scènes entre Catherine & Petruchio; que vraisemblablement il n'a conservé de l'ancienne Pièce que le plan, peut-être même la suite des scènes; mais qu'il a travaillé tout le dialogue à neuf, & n'a gueres conservé de l'ancien, que quelques vers, qui lui paroissoient le mériter, ou pour les changemens desquels il lui restoit trop peu de tems.

Une chose singuliere dans cette Comédie, est ce qu'on appelle *l'introduction*, qui est une sorte de Prologue, tel qu'on n'en trouve point ailleurs dans tout le Théâtre de l'Auteur. Le fonds de ce Prologue est un événement qui pouvoit être en vogue dans ce tems-là, & que *Goulart* (a) raconte comme une histoire véritable dans les termes suivans:

« Philippe - le - Bon Duc de Bourgogne, étoit à Bruxelles avec sa Cour. Un jour, après son repas, il voulut parcourir sur le soir les rues de la ville, accompagné seulement de quelques-uns de ses courtisans: il rencontra un ouvrier très-ivre, étendu de son long sur le pavé, & plongé dans un profond sommeil; il plut au Prince de donner, dans la personne de cet ouvrier, une preuve de la vanité de la vie, point sur lequel il avoit beaucoup parlé auparavant avec ses amis. Il fit donc transporter le dormeur dans son Palais, le fit mettre sur un lit magnifique, avec un bonnet de nuit élégant, une chemise très-fine, qu'on lui mit en place de la sienne. Lorsque cet homme eut cuvé son vin, & qu'il commença à se réveiller, des Pages & des Valets-de-chambre s'approcherent de son lit, dont ils ouvrirent les rideaux, firent plusieurs profondes révérences, & lui demanderent, la tête nue, s'il vouloit se lever, & quels habits il vouloit mettre ce jour-là. On lui en apporte de superbes: il est surpris de tous ces complimens; il ne sait s'il veille, ou s'il dort; il se fait habiller & conduire hors de la chambre; là, il est reçu de quantité de grands Seigneurs; on le mène à la messe, & on lui rend tous les honneurs dûs au Duc. Après la messe, on le reconduit au Château; il se lave les mains, & se met à une table couverte somp-

___

(*a*) Trésor d'histoires admirables & mémorables de notre tems, dans l'édition de Col. 1610, 14, 4 vol. *in-*8. On trouve ce Conte v. 1. p. 503, intitulé: Vanité du monde magnifiquement représentée.

tueusement. Après le dîné, l'Intendant du Prince fait apporter des cartes & des monceaux d'or: le nouveau Duc joue avec les principaux de la Cour. Ensuite on le mène au jardin, puis à la chasse, & enfin on revient au Palais, où il trouve un grand souper. Musique, danse, comédie, rien n'y manquoit; on fait boire au faux Prince tant de bons vins, qu'il s'enivre & s'endort profondément. On lui ôte ses beaux habits, & on lui remet ses haillons : on le reporte à l'endroit où il avoit été trouvé la veille. Le lendemain il s'éveille : se ressouvient de tout ce qui lui étoit arrivé, & ne sait si toutes ces belles choses étoient réelles, ou si ce n'est que l'effet d'un songe. —Il existoit en Anglois plusieurs traductions de ce Goulart.

Cette histoire est aussi le sujet d'une ancienne balade : *The frolicksome duke, or the tinker's good fortune ;* mais on ne sauroit fixer avec exactitude son ancienneté. Cette balade est d'un assez bon ton ; & à la fin, elle ne laisse pas sans récompense le pauvre chaudronnier, pour la plaisanterie qu'on lui a faite; le Duc lui fait présent d'un habit neuf, de cinq cens livres, de dix journaux de terre, & sa femme devient femme-de-chambre de la Duchesse.

Venons maintenant à la Pièce. Le fonds semble tiré de quelque nouvelle, peut-être Italienne, quoiqu'on ne l'ait pas découverte jusqu'ici. L'épisode, qui contient l'amour de *Lucentio* & de *Bianca*, & qui est si bien lié avec l'intérêt principal de la Pièce, le Poète l'a probablement tiré de la Comédie de l'Arioste, *Gli Soppositi*, qui fut traduite en Anglois par George Gascoigne, & jouée l'an 566. Ici le jeune-homme & son valet changent pareillement leurs habits & leurs caracteres ; ils cherchent de même à débusquer un vieux amoureux riche, & employent pour cela un ami de *Sienne*, pour jouer le rôle de pere, le valet l'y ayant déterminé, sous prétexte que personne de *Sienne* ne pouvoit séjourner à *Ferrare*, sous peine de mort.

Il y a aussi une ancienne Piéce Allemande qui a quelques scènes semblables à la Piéce Angloise.

On a des Comédies & des Tragédies Angloises, dont la premiere partie a été imprimée en 1624, & la seconde en 1630, & qui, suivant leur titre, ont été exécutées en Allemagne par les Anglois. On peut au moins présumer, qu'un de ces Acteurs a pu être le traducteur, ou l'imitateur de Shakespeare, quoique les Piéces de cette collection soient du plus mauvais genre, sans en excepter même la Tragédie de *Titus Andronicus*, qui n'a presque rien de commun avec celle de Shakespeare, que les nombreux assassinats

Au reste, si je consulte mon propre sentiment, je crois toujours appercevoir dans la Piéce Angloise des marques sûres & visibles du génie de Shakespeare; & je crois découvrir dans la Piéce Allemande des façons de parler & des tournures, qui me paroissent fort déceler un Traducteur de l'Anglois.

Je vais finir par faire mention d'une Piéce de *Beaumont Fletcher*, *the Woman's prize, or the tamer tam'd*, qu'on peut regarder comme une continuation de *Taming of the shrew*. Petruchio, après la mort de Catherine, a pris une seconde femme, appellée *Marie*, douce & docile avant son mariage, mais qui, mariée, s'appliqua aux moyens de corriger son mari de ses manieres brutales. Elle lui refuse toutes marques de tendresse, tout commerce intime, & méprise tous les moyens qu'il employe,

pour

pour vaincre son entêtement. La mort supposée même de son mari ne la touche pas ; elle prononce sur son cercueil une oraison funèbre très peu flatteuse. *Petruchio* ne peut y tenir plus long-temps ; & au moment où il se relève, Marie, (on ne voit pas trop pourquoi) devient tout-à-coup muette, & voue à son mari, qu'elle croit assez assoupi, le plus tendre amour. Au reste, cette Piéce a une double intrigue ; & si l'on en excepte quelques beaux endroits, elle a très-peu de mérite.

John Lacy, Comédien favori de Charles II, a remis au Théâtre avec applaudissement cette Piéce de Shakespeare, avec quelques changemens, sous le titre *Sawney the scot*; elle a été imprimée en 1698, *in*-4°.

FIN.

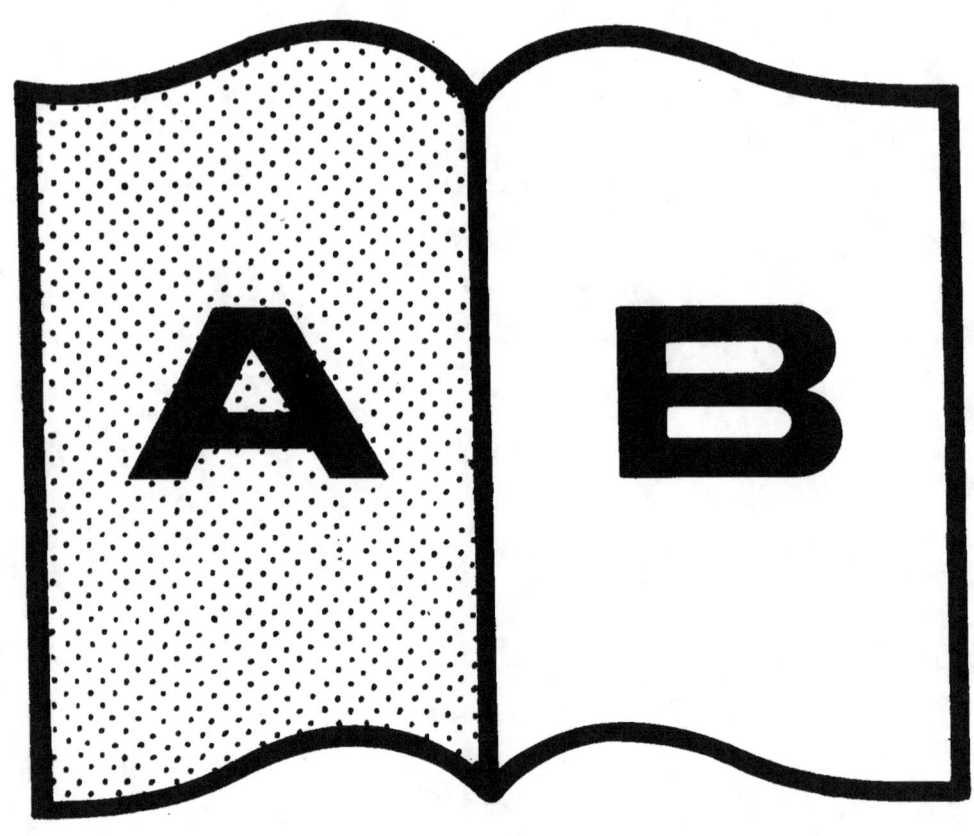

Contraste insuffisant

NF Z 43-120-14

www.ingramcontent.com/pod-product-compliance
Lightning Source LLC
Chambersburg PA
CBHW052034230426
43671CB00011B/1646